Auf dass wir Menschen werden

Christlich-hermetische Betrachtungen für den Weg zu einem ganzheitlichen Sein und Werden

AF176660

Herausgeber: **Perceval-Institut für Kosmosophie und christliche Hermetik**

Freiburg, Michaelizeit 2016 und 2020

Copyright: © Franz Weber 2020

Herstellung und Verlag: **BoD – Books on Demand, Norderstedt**

ISBN: 9783752624496

Widmung: all denen, die sich strebend
bemühen ein ganzer Mensch zu werden,
ohne sich dabei zu verhärten oder
zu fanatisieren, also all denen,
die eine Praxis der „mühelosen Mühe"
und der aufrichtigen geistigen Suche
erlernen wollen

Auf dass wir Menschen werden

Inhaltsverzeichnis:

Vorwort

Was ist der Mensch? Wozu ist er auf der Erde? Welchen Sinn hat ein Menschenleben? Das sind ja Fragen, die nicht so leicht zu beantworten sind.

Die Naturwissenschaften versuchen immer noch, den Menschen als ein Konstrukt des Zufalls innerhalb der Evolution anzusehen. Er soll nur ein biologischer Organismus sein, aus dessen Gehirn und Organen Gedanken und Gefühle hervorsprießen, die ihn im „Kampf ums Dasein" überleben lassen.

Aber wozu dann die Sorge um ein gerechtes, soziales und menschenwürdiges Leben für alle? Was sollen ethische und moralische Werte, wie der Altruismus, die Nächstenliebe bis hin zur Feindesliebe darin bezwecken? Und woher kommt überhaupt die Sehnsucht nach einem höheren, freieren und edleren Sein, wenn wir dieses Sein nicht schon einmal gekostet hätten?

Der Paradieses-Gedanke durchzieht alle Religionen und Kulturen. Die Frage nach dem Woher und Wohin, nach dem Ursprung, dem Sinn und Ziel der Menschheits-Entwicklung kann uns die Naturwissenschaft nicht wirklich beantworten.

Religiöse Erklärungen geben uns Bilder und Mythen, die den rational ausgerichteten Verstand jedoch auch nicht wirklich befriedigen, denn dieser hat es verlernt, Bilder und Mythen zu deuten. Somit braucht es schon ein tieferes Verstehen, eine Intuition oder tiefen-psychologische Interpretationen, um in religiösen Texten und Überlieferungen bestimmte Archetypen und Sinnzusammenhänge herausfinden zu können, die schließlich auch noch im heutigen Leben ihre Bedeutung haben können.

Eine Klarheit entsteht meistens aber erst dann, wenn zum Beispiel die biblische Schöpfungsgeschichte, also die „sieben Schöpfungstage" der Genesis, im Lichte der Geisteswissenschaft betrachtet wird, wenn also ergründet worden ist, auf welcher Ebene sich diese Bilder abspielen. Physisch betrachtet machen sie ja oftmals wenig Sinn. Wenn man sie aber in einer ätherischen und astralen Sphäre, also im Bereich des Lebendigen und Seelischen, wie schließlich auch im Geistigen zu schauen und zu „lesen" lernt, zeigt sich in diesen Bildern das allmähliche Verdichten und Materialisieren der Schöpfungskräfte: von geistigen Welten über seelische und ätherische bis hinunter in unsere physische Welt. So erst wird eine Involution, eine Verkörperung des Menschenwesens verständlich: aus göttlich-geistigen, aus übersinnlichen Welten kommend und sich mehr und mehr verdichtend, verkörpernd. Dabei geht die Menschheit einen Entwicklungsweg, wie er archetypisch auch im einzelnen Menschenleben sichtbar werden kann.

Anfangs, also in frühen Menschheitsepochen und Kulturen, waren die Seelen noch kindlich und rein. Sie wurden damals noch von den Göttern geführt und belehrt. Doch irgendwann lehnten sie sich dagegen auf, um selbstständiger werden zu können. Und so zog sich die „alte" Götterwelt mehr und mehr zurück. Dies beschreibt zum Beispiel die Götterdämmerung in der germanischen Mythologie. Mit dem Selbstständig-Werden hängt aber auch eine größere Verantwortlichkeit zusammen. Heutzutage ist die Erde ganz in die Hände, also in die Verantwortung von uns Menschen gelegt. Wir können sie zerstören oder heilen.

Eine Heilung bedarf unsere Mutter Erde, denn ohne des Menschen Hilfe wird sie allein nicht mehr richtig fertig werden mit den Belastungen, die wir ihr zumuten. Will der Mensch die Erde heilen, muss er zuerst einmal sich selber auf den rechten Weg bringen und sich selber heilen können. Er muss dazu „erwachsen", reif, verantwortlich und fürsorglich werden. Vor allem muss er sich dazu auf einen Weg machen, der ihn mit seinem höheren Wesen, mit seinem eigenen Heil in Verbindung bringen kann.

Dieser Weg ist lang und das Ziel vielfach noch in weiter Ferne. Dafür bedarf es vor allem auch einer seelisch-geistigen Reinigung, Läuterung und Veredelung, so wie dies in vielen spirituellen Disziplinen und Schulen verkündet wird. Von diesem Weg soll in den folgenden Kapiteln, aus einem christlich-hermetischen Weltbild heraus, berichtet werden, so wie dieser für den heutigen Menschen verständlich und nachvollziehbar beschritten werden kann.

Sich selbst verstehen und erkennen lernen, ist folglich eine Grundbedingung dafür, dass wir wissen können, wohin der Menschenweg uns führen will und kann. Dazu möchten die folgenden Kapitel eine Orientierung und eine Wegweisung anbieten.

Wer bin ich?

Zahlreiche Identifikationen ermöglichen es dem Menschen, eine eigene Identität und damit eine bestimmte Persönlichkeitsstruktur aufzubauen. Und dies im Laufe des Lebens immer stärker und immer besser mit oftmals wechselnden Attributen. Das heißt, in der frühen Jugendzeit sind andere Dinge wichtiger als im Alter, wo dann zum Beispiel bestimmte Fragen um die Gesundheit einen immer stärkeren Anteil im Leben erhalten können.

In den folgenden Zeilen habe ich versucht, solche Attribute und Identifikationen etwas bewusster zu machen, auch in Hinsicht einer gewissen Rangfolge, die den Menschen zu dem macht, was er nun einmal darstellt und an was er sich mit seinem Selbstwertgefühl am meisten heftet, ob er sich dessen bewusst ist oder auch nicht.

An erster Stelle was den Menschen ausmacht, ist natürlich der Mensch beziehungsweise das Menschliche selbst. Wenn man alle Attribute und Identifikationen weglässt, so bleibt eben der Mensch übrig, das bedenken wir oftmals viel zu wenig.

Wir sind alle Menschen, egal welcher Herkunft, Hautfarbe, Kultur und Nationalität wir angehören. In diesem Menschsein sind wir alle miteinander verbunden. Was dieses Menschsein eigentlich ausmacht, soll dann später noch etwas näher angeschaut werden. Jedoch kann man von vornherein sagen, dass der Mensch nach Leib, Seele und Geist eine Gliederung aufweist, die ihn vom Tier oder auch von der Pflanze vor allem dadurch unterscheidet, dass der Mensch einen individuellen Geist, also auch ein eigenständiges Denkvermögen und ein selbstbewusstes Seelenleben ausbilden kann.

An zweiter Stelle einer prägnanten Komponente des Menschseins tritt die Geschlechterdifferenzierung in Erscheinung. Natürlich haben auch Tiere eine Geschlechtszugehörigkeit. Diese prägt Tier und Mensch gleichermaßen, doch der Mensch ist sich dessen bewusst und identifiziert sich damit.

Drittens sind wir seelisch-geistig vor allem bestimmt durch die Muttersprache, durch Kultur und Bildung, durch Erziehung und

Umwelt, in der wir aufgewachsen sind. Diese Ebene wird sich zeitlebens jedoch auch wandeln und erweitern können, denn der Mensch ist ein Wesen, das dazu aufgefordert ist, beständig dazu zu lernen.

Viertens bestimmt auch das Alter, die Reife beziehungsweise auch unsere leiblich-seelische Gesundheit das allgemeine Lebensgefühl. Ist man in der Lebensmitte zum Beispiel noch stolz auf manch erbrachte Leistung, kann dies im Alter recht schnell zweitrangig werden, wenn Gebrechen und Krankheiten uns vor ganz andere Hindernisse stellen.

Doch ein wichtiger Faktor für ein reifes und erfülltes Leben, mit dem man zufrieden und erfolgreich sein kann, ist als fünfte Ebene der Beruf, der Status, das soziale Umfeld, sind die Familie, die Freunde und die Bekannten zu erwähnen, an und mit denen wir wachsen und durch die wir ein Zugehörigkeitsgefühl entwickeln dürfen. Der Mensch, nicht mehr nur als leibliches Wesen verstanden, wird hier zu einem sozialen Wesen, das er eben auch noch ist, so wie er sein geistiges Wesen durch Kultur, Bildung und dem Finden einer eigenen Identität und Aufgabe, zum Beispiel durch eine Berufung, ausbilden und ausarbeiten kann.

Die Ebene innerhalb der Gesellschaft, wo es um eine Berufung, vielleicht auch um eine Mission oder um eine sinnvolle und kulturell nützliche Aufgabe geht, die man im Leben verspürt, steht noch über dem Beruf, dem Erfolg, dem Status und den sozialen Umfeldeinflüssen. Oftmals ist es gar so, dass durch eine Berufung nicht immer der Erfolg und die gesellschaftliche Anerkennung an vorderster Stelle stehen, sondern das kreative Schaffen selbst, das Schöpferisch-Sein, das innere Drängen, die spirituelle Reifung und das soziale Tun. Dieses schenkt ja auch eine gewisse innere Befriedigung.

Was natürlich ebenfalls eine herausragende Bedeutung im Leben hat, ist die Frage nach dem Charakter. Tugenden wie die Freundlichkeit, die Hilfsbereitschaft et cetera sind seelische Attribute und Merkmale, die mitentscheiden, wie und ob wir im sozialen Leben Anerkennung und Hilfen erfahren oder gute Freunde finden. Diese sechste Ebene verweist schließlich auch auf unsere Interessen, die wir im Leben entwickeln. Haben wir mehr leibliche, seelische

7

oder geistige Interessen? Dies ist ja auch eine Frage des Charakters und des Temperamentes, denn dahin entwickeln wir uns zukünftig hauptsächlich hin.

Siebtens erwähne ich hier eine karmische Ebene. Bestimmte Gebrechen, Talente, Einseitigkeiten, Schicksalsgegebenheiten und Charakterzüge bringen wir eben auch schon mit, an denen oder mit denen wir zu arbeiten haben. Keiner ist ein „unbeschriebenes Blatt" und nur alles auf die Erziehung und auf gewisse Umwelteinflüsse schieben zu wollen, genügt daher noch nicht, wenn man den Menschen in seinen tieferen Gründen erfahren und erforschen will.

Eine achte Ebene, die unser Sein und Leben bestimmen kann, wird geprägt durch unser Leistungsvermögen, durch das, was wir erschaffen, was wir an Nützlichem für die Allgemeinheit erbracht haben. Dies schenkt zumeist Anerkennung, Erfolg und Ehre, was natürlich eine starke Identitätsbildung fördern kann.

Neuntens ist unsere geistige Einstellung, unsere Weltanschauung, zum Beispiel unsere politische oder spirituelle Ausrichtung prägend. Sind wir Materialisten, sind wir konservativ, liberal, links, rechts, reformerisch oder revolutionär? Das bestimmt erheblich unser eigenes Wertegefühl und den Willen, sich mit Gleichgesinnten zu verbinden.

An die zehnte Stelle setze ich das Äußere, das Aussehen und die Ausstrahlung eines Menschen, durch die wir oftmals schon gewisse Vorteile, Anerkennungen oder Ablehnungen erfahren können.

Die elfte Stelle ist bedingt durch unsere Religionszugehörigkeit; da haben wir zumeist ein Gruppengefühl mit ähnlich Denkenden und Fühlenden. Auch Atheisten haben dies. Eine Werte- und Sinn-Gemeinschaft vermittelt Identität und Zugehörigkeit, die aber auch ins Fanatische, Einengende, ins Überzeugen-Wollende und ins Begrenzende einmünden kann. Da wird oftmals von „Oben" beziehungsweise von Außen festgelegt, wie der Mensch zu leben hat und nach was er sich ausrichten soll. Nicht er selbst, also sein eigenes Erleben und Erfahren ist dabei zumeist das Impulsierende, sondern eine Gruppen-Dynamik, ein Gruppen-Verband, unter den sich der Einzelne zu stellen hat.

An zwölfter und letzter Stelle erwähne ich hier die Nationalität beziehungsweise die Zugehörigkeit zu einer Ethnie. Eine nationale Identität scheint heute wieder stärker in den Vordergrund zu treten. Am Leiblichen und an der Herkunft will man seine Identität, seine Zugehörigkeit und sein Gemeinschaftsgefühl stärken. Das ist einerseits verständlich, weil die geschichtliche und die kulturelle Entwicklung immer stärker in eine Individualisierung und damit auch in eine Vereinzelung hinein verläuft, vor der viele Menschen zurückschrecken. Da ist es doch leichter, sich auf eine gemeinsame Abstammung, auf die sogenannte „Blut und Boden"-Ideologie zu beschränken, doch mit der Gefahr, sich von den Anderen, die nicht so sind wie wir, zu trennen beziehungsweise auch in eine Feindschaft mit diesen zu geraten.

Staaten kommen und gehen, sie sind nicht für die Ewigkeit gebaut, das zeigt die Geschichte immer wieder. Deutschland beziehungsweise den deutschen Staat gibt es seit knapp 200 Jahren; da sollten wir unsere Identität nicht zu sehr anbinden, obwohl es natürlich auch wichtig ist, sich für das Wohl seines Staates einzusetzen. Zudem kann beobachtet werden, wer sich zu sehr an nationalistische, an ethnische oder auch an fundamentalistisch religiöse Strömungen heftet, der kann sehr leicht die wichtigen Aufgaben vernachlässigen oder verlieren, die wir als Menschen nun einmal haben, eben die Punkte und Ebenen, die zuvor geschildert wurden.

An erster Stelle des Menschseins steht nämlich die Aufgabe: Mensch zu werden. Denn der Mensch ist ein Werdender und daher noch lange nicht fertig. Wir müssen daher immer mehr, immer tiefgründiger und immer vielschichtiger dazulernen, nicht nur an der Außenwelt, zum Beispiel an und in fremden Ländern und Kulturen und uns für diese engagieren, sondern wir sollen auch noch den inneren Menschen und damit den ganzen Menschen sehen lernen, also nicht nur den äußeren nach Aussehen, nach Erfolg, nach Status, nach den jeweiligen Interessen und nach seiner Gemeinschaftszugehörigkeit. Vor allem dieser innere Mensch, in sich selbst und dann auch im Anderen wahrgenommen, kann uns letztlich eine innere Heimat und damit ein Vertrauen schenken, zu sich selbst und dann auch zur Welt. Dadurch braucht man keine Angst mehr zu haben vor der Vereinzelung, vor der Individualisierung, denn der innere, der geistige Mensch ist schließlich mit allem verbunden.

Wir können den Menschen vereinfacht darstellen in einem Kreuz, in dem dieser steht, nämlich in den verschiedenen Ebenen eines solchen Kreuzes:

1. Die Hinten – Vorne Ebene: Hinten – das Vergangene, von der Geburt bis zum Tod, also in die Zukunft (Vorne) hinein. Dies bedeutet folglich auch, dass wir uns nicht nur aus der Vergangenheit herkommend begreifen und bestimmen sollen, sondern dass wir auch die Möglichkeit haben, sich von der Zukunft und damit auch vom „Tod" impulsieren und führen zu lassen.

2. Die Links – Rechts Ebene: Links – das Weibliche, Rechts – das Männliche. Diese Anteile soll der Mensch in einen Ausgleich bringen. Jeder Mensch hat beide Komponenten, zumindest im Seelischen in sich.

3. Die Vertikale Ebene: Unten – der irdische Mensch; Oben – der himmlische Mensch.

Im unteren, im irdischen Menschen sind die Schicksalsfäden, also auch die Vorleben, zum Beispiel in der genetischen Veranlagung abgespeichert. Im höheren Menschen, im himmlischen Menschen finden wir das Urbild und das Ziel des Menschen beheimatet.

Zwischen links und rechts, hinten und vorne, oben und unten, gilt es nun eine Mitte zu finden, im Kreuzespunkt. Darin lebt des Menschen Kern, sein „Ich bin". In diesem sonnenhaften Kern ist das Zentrum des Menschen, der jedoch auch immer mit seinem Umkreis, also mit den Achsen verbunden ist. Hier in diesem Ich-Kern ist der Mensch frei, denn hier kann er einen Raum in sich finden, von dem aus er die Schicksalskräfte ordnen und verstehen kann, die sich in diesen leiblichen und seelischen Kreuzes-Ebenen zeigen und er kann sich von da aus dem „Raum" über ihm zuwenden, um dort in Freiheit Ziele und Ideale für sein Leben gewinnen zu können.

Der Mensch ist eine Persönlichkeit, ein Individuum und damit ein Zentrum in und für sich und er ist Umkreis aus dem Oben, dem Unten, dem Links, dem Rechts, dem Vorne und dem Hinten beziehungsweise aus Erziehung, Umwelt, Idealen, Zielen, dem Geschlecht und damit auch aus dem Leib, aus den Genen (Erde), aus der umgebenden Kraft und Energie (Luft, Atem), aus dem Lebendigen, dem Biologischen (Wasser), aus dem Seelischen (der weite Raum), aus Ich-Kraft und Wille (Feuer) und aus dem Geist (dem Überräumlichen, Überzeitlichen und Ewigen). Verbindet sich das Zeitliche, die Persönlichkeit, der Ich-Kern mit dem Ewigen, mit dem höheren, mit dem geistigen Selbst, so wird die Persönlichkeit durchgeistigt und erhöht. Der Geist wird damit individuell und konkret. Eine neue Welt ersteht daraus. Im Zusammenbringen und im Zusammenklang der verschiedenen Ebenen und Richtungen entsteht allmählich eine neue Schöpfung, eine Zukunft, die es so in der Welt-Entwicklung noch nicht gegeben hat.

Die Persönlichkeit, das Irdische muss demzufolge nicht mehr aufgelöst oder negiert werden, damit sich die Seele ins Himmlische erheben kann, so wie dies die alten esoterischen und religiösen Lehren noch vermitteln wollen. Alle Ebenen des Menschseins dürfen ergründet, erfahren und durchlebt sein, damit sich eine starke Persönlichkeit herausbilden kann, die schließlich auf dem Weg ist, immer mehr ein „ganzer Mensch" zu werden.

Im „ganzen", im „großen" Menschen sind wir mit allen anderen Menschen verbunden. Der Mensch ist geistig gesehen viel größer als er geworden ist aus Herkunft, Abstammung, Geschichte, Bildung, Geschlecht, Charakter und Religion. Der Mensch hat ein Ziel, ein Urbild, das schon da ist im „Menschensohn", nämlich im Christus Jesus, der dieses Ziel in seinem Erdenleben im Mysterium von Golgatha errungen und erneuert hat. Diesem Ziel dürfen wir uns zuwenden, ihm nachfolgen, damit auch in uns dieses göttliche Ur- und Ebenbild mit dem sogenanntem Gleichnis Gottes, mit der menschliche Persönlichkeit zusammenkommen können.

Ein spiritueller Weg ist damit verbunden. Die Persönlichkeit und die Seele wandeln sich auf diesem Weg immer mehr hin zu einem Menschsein, das fortwährend neu ersteht, vor allem durch die Impulse, Kräfte und Wesen einer göttlich-geistigen Welt, aus der wir alle ursprünglich entstammen. Von diesem Weg soll hier im Weiteren berichtet werden. Eine Wiedergeburt der Seele im Geiste und eine Auferstehung, bis ins Leibliche hinein, will und kann sich dadurch, langsam und stetig wachsend, in zukünftigen Zeiten ereignen.

Von der Erkraftung der Seele

Vieles wird heutzutage im Sinne einer leiblichen Ertüchtigung, wie auch für Schönheitsmaßnahmen oder einem gesundheitsfördernden Lebensstil betrieben und eingesetzt. Da bieten sich nun mannigfache Angebote wie Wellness, Yoga, Fitness-Trainings und vieles mehr an. Auch finden sich in neuerer Zeit verstärkt meditative Angebote und Achtsamkeits-Übungen, die nicht nur im Leiblichen verbleiben, sondern vor allem auch das Innerseelische zu einer Entspannung und zur Ruhe kommen lassen wollen beziehungsweise um dieses überhaupt etwas mehr ins Gesichtsfeld und damit ins Bewusstsein zu bringen. Denn dieses seelische Innenleben wird in einer Welt der Veräußerlichung, also in einem groben Materialismus, der hauptsächlich auf Leistung, Wissen, Status, Besitz und Körperlichkeit fixiert ist, sehr leicht vernachlässigt. Aber ohne eine Förderung und Erkraftung des Seelischen verliert der Mensch sehr leicht seine innere Mitte, seine Geduld, seine Ausgeglichenheit und seine seelische Balance. Damit gerät er viel leichter in seelische Disharmonien, in Stress, in Unruhe, in Ärger und in negative Stimmungen hinein.

Hier kann die Meditation wie überhaupt alle innerlich verrichteten Übungen, zum Beispiel die rhythmisch gesprochenen Gebete und Mantren, wie auch Entspannungs-Übungen, schöne Musik und Kunstbetrachtungen, sowie die belebende Natur einen Ausgleich schaffen.

Will die Seele sich aber zum Geistigen erheben, will sie also einen Weg beschreiten, der sie in übersinnliche Sphären hineinführen soll, muss sie dafür den ganzen Menschen wandeln können. Dazu bieten alle religiösen und spirituellen Strömungen bestimmte innere Wege an, die, wenn man sie befolgt, die Seele fördern und stärken können, damit bis in das leibliche und in das alltägliche Leben gesundende Impulse einwirken können. Davon sollen im Folgenden einige charakteristische Vorgehensweisen und Anregungen mitgeteilt werden.

Bevor man mit dem Meditieren beginnen kann, muss man in sich eine Ruhe finden, muss man sich in sich sammeln können. Eine gewisse Konzentrationsfähigkeit ist dafür vonnöten, die man zunächst durch einfache Übungen schulen kann. Zum Beispiel kann man sich einfache Gegenstände vorstellen und diesen eine Zeit lang die volle Aufmerksamkeit widmen, ohne dabei abzuschweifen.

Meditare bedeutet im Lateinischen: zur Mitte gehen. In unserer seelischen Mitte, in unserem seelischen Herzen ist der Raum, worin sich Menschliches und Übersinnliches begegnen kann. Göttliche Kräfte können wir in uns aufnehmen, hineinnehmen, wenn wir uns von dieser Mitte, vom Herzen aus dem Göttlichen zuwenden wollen.

Von „Oben", vom Scheitel-Zentrum über unserem Haupt, lassen wir uns befruchten. Ein Strahl göttlichen Lichtes möge sich in uns hineinsenken. Im Herzen wird er zur wärmenden Liebekraft, mit der wir in die Welt hinaus oder bis ganz nach unten, bis zu den Füßen und weiter bis in die Erde hineinwirken können. Aber auch von der Erde kann ein Lebensstrom in die Füße bis zum Herzen aufsteigen, vor allem, wenn wir die Erde zu lieben beginnen. Im Herzen kann sich sodann die Vereinigung von Erd- und Himmelskräften ereignen.

Nun ist dies aber meistens nicht so schnell zu erreichen, denn wenn man beginnt, lichte Ströme in die unteren seelischen und leiblichen Bereiche hinein zu schicken, werden wahrscheinlich erst einmal viele Widerstände und Abgründe in Erscheinung treten. Nur langsam werden sich manche Bereiche durchlichten und durchlieben lassen. Da braucht es vor allem viel Geduld, Standhaftigkeit und Mut, um alles annehmen, betrachten und akzeptieren zu lernen, was da in unserem seelischen "Keller" so zum Vorschein kommen kann.

Je mehr Geist, je mehr göttliche Kraft in uns einziehen kann, umso stärker werden sich allmählich innerliche „Reinigungen" ereignen. Der ganze Mensch wandelt sich dadurch mit der Zeit um. Frühere Neigungen, Anhaftungen, Gelüste und Begehrungen werden allmählich schal und uninteressant. Das Manas-Prinzip, unser höheres Wesen und damit auch der heilige Geist, übernimmt mehr und mehr die innere Führung. Das kann natürlich Jahre und Jahrzehnte dauern, doch mit der Zeit und durch andauernde

Übung, erspüren wir eine Erkraftung im Denken, Fühlen und Wollen. Das Seelische beziehungsweise die seelischen Innenräume werden uns bewusster, sie werden klarer, konturierter, dichter und stärker, bis die Seele eigene innere Bilder, übersinnliche Imaginationen und geistige Erleuchtungen hervorbringen kann. Eine Weisheit von Innen her ersteht; der heilige Geist zieht in den Menschen ein, wenn sich die Seele auf diesem Weg dafür öffnen und aufbereiten kann.

In der christlichen Spiritualität wird diese Stufe mit der sogenannten Fußwaschung angezeigt, wenn also die Seele bis zu den Füßen gereinigt, das heißt, wenn der ganze Mensch vom Göttlichen angenommen und durchströmt werden kann.

Die heilige Trinität wird heute, also beim Menschen unserer Tage, oftmals noch „außerhalb" von ihm angenommen und erlebt. Der Mensch soll noch ehrfurchtsvoll zu den Himmeln aufblicken. So wurde dies vor allem in mittelalterlicher Zeit innerhalb der Kirche verfügt. Der Geist soll außerhalb des Menschen sein. Der Mensch selber sollte nur aus dem Leib und der Seele bestehen. Ist der heilige Geist jedoch im Menschen, in dessen Seele, im gereinigten und verwandelten Astralleib angekommen beziehungsweise darin einwohnend, wird sie sich nur noch der Zweiheit aus Vater und Sohn gegenübergestellt empfinden.

Ein imaginatives Bewusstsein, eine geistige Sicht beziehungsweise das Wirken des Heiligen Geistes in sich selbst erworben zu haben, ist aber noch lange nicht das Ende eines inneren meditativen Weges.

Das Göttliche erreichen wir letztendlich nur durch eine Devotion, Hingabe, Demut, Ehrfurcht, Andacht und Gnade. Dies sollten wir immer wieder ganz besonders beherzigen und bedenken. Vor allem auch, wenn man meint, durch meditative Übungen schon gewisse spirituelle Fortschritte erzielt zu haben.

Will man wirklich innerlich weiterschreiten, so muss das vorher Erreichte auch immer wieder losgelassen werden, damit man neu und bedürftig vor den göttlichen Thron treten kann. Eine innere Leere, Ohnmacht, Demut und Einsamkeit erschafft erst wirklich den Raum, in den sich Göttliches einleben kann. Auf dieser Stufe geschieht dies aber nicht mehr nur im Seelischen, also im

Astralleib, sondern im Ätherleib, der ja der Träger unserer Neigungen und Gewohnheiten ist. Diese zu verwandeln, ist jedoch viel schwieriger als nur die seelischen Einseitigkeiten auszugleichen. Ohne göttlichen Beistand, ohne Christus, der unsere menschlichen Schwächen und Gebrechen kennt, ist dies nur sehr schwer zu erreichen. Darum dürfen wir um seine Kraft, Liebe und Gnade bitten, sie in uns einströmen lassen: „Christus in uns".

Dadurch kann allmählich eine neue Bewusstseinsstufe errungen werden. Das schöpferische Wort, der Logos ist und wirkt in uns. Eine inspirative Erkenntnis erwacht, die innere Welt beginnt zu tönen und zu sprechen. Ist dies erreicht, ist Christus in uns angekommen, so verbleibt nur noch die Welt des göttlichen Vaters über uns, aus der mit fortdauernder Übung, mit fortdauernder Entäußerung des persönlich-menschlichen Eigensinns und Eigenseins, vor allem im leiblichen Gefüge, also bis in das körperliche Sein hinein, Intuitionen, Geistesblitze und feurige Willenskräfte im Menschen zu wirken beginnen. „Der Vater will in mir". Der ganze Leib wird davon durchdrungen.

Der Mensch wird dadurch allmählich eins mit allem. Ein intuitives Bewusstsein erfährt die Welt nicht mehr nur außerhalb von sich. Die Welt ist in mir, weil auch die Welt des Vaters, der Wille der Welt in mich eingezogen ist. Gott ist in mir, weil ich mich Gott ganz hingegeben habe.

Dies ist eine weite prophetische Zukunftsschau, denn noch ist der heutige Mensch sehr stark ich-zentriert und damit noch lange nicht so weit welt-zentriert, dass er die Belange der Welt zu seinen eigenen machen könnte. Je mehr aber die Seele sich in sich selbst erkraftet, um so mehr erhält sie auch die Aufgabe, Welt in sich hinein zu nehmen und zu versuchen, diese in sich zu verwandeln.

Dies ist ja nicht immer leicht, denn die Welt, sie zieht, sie geißelt, sie verurteilt, sie attackiert, sie verspottet und verhöhnt. Der christliche Einweihungsweg, von der Fußwaschung über die Geißelung und die Dornenkrönung, über das Kreuztragen, die Kreuzigung, die Grablegung bis hin zur Auferstehung und zur Himmelfahrt, beschreibt diesen Weg sehr eindrücklich, weil Christus ihn selbst gegangen ist, quasi als ein archetypisches Urbild für uns. Die Nachfolge Christi bedeutet letztlich, diesen Weg mit ihm und durch ihn gehen zu wollen. Dieser Weg ist alles andere als leicht, er ist kein „Wellness-Angebot" für spirituell Strebende, die nur schnell ein Wohlergehen beziehungsweise eine „Erleuchtung" erlangen wollen.

Doch die Seele beziehungsweise der Mensch erkraftet erst wirklich an Widerständen und Prüfungen, an Krisen und Krankheiten, denn darin muss er sich bewähren. Um diesen inneren seelisch-geistigen Weg überhaupt gehen zu können, sind uns von den christlichen Eingeweihten Mahnungen, Hilfen und Übungen mitgegeben, die einen Grund, die Grundvoraussetzungen für den inneren Weg bilden. Und für unsere Zeit sind es vor allem die sechs Nebenübungen, die uns Rudolf Steiner mitgegeben hat. Das Wort „Nebenübungen" passt hier meines Erachtens nicht ganz. Man sollte sie besser Grundübungen nennen, denn sie fördern die Ausbildung der Herzenskräfte. Und von diesen geht alles aus in einem christlichen Leben. Auf diese Kräfte baut der christliche Einweihungsweg.

Im Herzen wird der Raum geschaffen, in den sich die „obere Welt" einleben kann und von dem aus die Kräfte nach „unten", in die seelischen Abgründe geschickt werden, um auch diese mit geistigem Licht beleuchten, erkennen und wandeln zu können.

So will ich diese Grundübungen im Folgenden, hier nur sehr kurz anführen, mit der Aussicht, wie sich diese Übungen auf dem christlichen Einweihungsweg weiterentwickeln beziehungsweise zu was und wohin sie bei fortdauernder Übung gereichen können.

1. Die Gedankenkontrolle: Dabei richtet man seine Aufmerksamkeit auf einen alltäglichen Gegenstand und denkt über ihn nach (Herkunft, Funktion, Material, Bauweise et cetera), ohne dabei abzuschweifen. Gewinnt man so mit der Zeit die Herrschaft über sein Gedankenleben, führt dies dazu, dass wir auch in schwierigen Situationen die Gedankenkontrolle nicht verlieren. Dies wird vor allem nötig sein, wenn man den eigenen Schattenkräften beziehungsweise dem inneren Doppelgänger und damit dem Hüter der Schwelle begegnet. Stärke in seinem Gedankenleben durch einen ichhaften Denkwillen zu gewinnen, fördert eben auch den Geistesmut, sich diesem Schwellenhüter nähern zu wollen. Wir brauchen nämlich sehr viel Mut, um die eigenen

Schatten und Abgründe, um den sogenannten Doppelgänger anschauen und erkennen zu lernen.

Dies entspricht der christlichen Fußwaschung, wo es darum geht, alles im Menschen anzunehmen, sich ichhaft und mit klarer Gedankenkraft den inneren Abgründen und destruktiven Kräften zu stellen. Dadurch werden sie sicht- und erkennbar. Dies ist ja auch eine seelische Grundlage dafür, um irgendwann Imaginationen ausbilden zu können.

Eine sogenannte Feuerprobe ereignet sich, wenn wir allein aus unserem eigenen seelischen Vermögen Situationen beherrschen und meistern lernen, in denen wir durch Mut und Standhaftigkeit, durch eine klare Überschau und durch eine innere Stärke „Herr" in jeglicher Lage bleiben können.

2. Willens-Erkraftung: Handlungen aus freiem Willen auszuführen, die keinen Zweck haben und keinen „Nutzen" bringen, stärken die Willenskräfte. Diese sind letztlich eine Folge der Selbstbeherrschung, der Selbst-Disziplin und die brauchen wir vor allem für die sogenannte Wasserprobe. Vieles drängt normalerweise in unser Seelenleben, das uns sehr leicht mitreißen und überfluten kann. Die Welt lockt und verführt, ja sie geißelt und bedrängt, gerade auch, wenn man sich seelisch-geistig weiterentwickeln will. Da muss man nämlich auswählen und auch auf manches verzichten können. Ein inneres Stille-Sein und Schweigen schafft erst den Raum, worin die Welt uns nicht mehr vereinnahmen kann. Der Wille zum Schweigen, zum Loslassen und Verzichten muss dafür geschult worden sein. Der Geißelung, dem Anpeitschen niederer Seelengründe können wir dadurch innerlich gewachsen sein. Dies führt allmählich zur Inspiration, zu einem inneren Hören hin. Dafür muss eben eine innere Stille, ein inneres Lauschen und ein passives Empfangen erreicht worden sein. Dies herbeiführen zu können, ist das Resultat einer disziplinierten Willenstätigkeit und Willenskraft.

3. Gefühlskontrolle: In Gefühlen und Emotionen kann man auch „ertrinken" beziehungsweise sich darin verlieren. Als Übung ist deshalb anzuraten, sich in freudigen oder auch in leidvollen Ereignissen innerlich in Gelassenheit und in einer gewissen Distanz zu üben. In der sogenannten Luftprobe brauchen wir eine Geistes-

gegenwart, eine Wachheit, bei der wir seelisch eben nicht mehr mitgerissen werden. Schlimme Situationen können normalerweise zu einem Erschrecken, zu einem starkem Mitleid und Bedauern oder auch zu einer innerlichen Abwehr, zu einer Negierung hinführen. Eine objektive Betrachtungsweise vermag es aber erst, die Situation so anzuschauen, wie sie eben ist – also ohne eine zu große seelische Anteilnahme. Das heißt aber nicht, man soll dabei seelisch kalt und interesselos bleiben.

Gefühle sagen meistens etwas über einen selbst aus, ob uns zum Beispiel etwas gefällt oder auch nicht. Dies ist aber nicht entscheidend, wenn man zum Hüter und Helfer für andere werden will beziehungsweise wenn man sich ganz in den Anderen hineinfühlen, hineinleben will. Eine Empathie und eine Intuition, also ein Bewusstsein, das im Anderen mitsteht, vermag diese Einfühlung, nicht das eigene, das selbstische Gefühl. Diese Fähigkeit der Intuition kann man aber erst dann wirklich erringen, wenn man zuvor gelernt hat, ganz auf sich gestellt zu sein. Wenn nämlich alles Äußere schweigt, wenn nichts Äußeres mehr die Seele bewegen und beeindrucken kann, wenn letztlich eine tiefe Leere und Einsamkeit die Seele bedroht, so dass nur noch eine Geistesgegenwart und eine innere Wachheit übrig bleibt, die uns dann vor dem „Einschlafen“, vor dem Fliehen- und dem Davonrennenwollen schützt, vor allem auch vor den eigenen negativen und destruktiven Gefühlen und vor dem Selbstmitleid, das in schwierigen seelischen Situationen recht leicht aufkommen kann. Hier noch die „Überschau“, die Klarheit und Wachheit zu bewahren, entspricht der Dornenkrönung auf dem christlichen Einweihungsweg. Dadurch eröffnet sich erst die Möglichkeit, die Welt so zu fühlen und so zu erleben, wie sie wirklich ist. Nicht ich fühle, die Welt fühlt in mir.

4. Positivität, Toleranz und Duldsamkeit: Diese Tugenden können wir in allen Lebenslagen üben. Ohne diese wird es schwer sein, sein Schicksal wirklich anzunehmen und damit sein „Kreuz“ tragen zu lernen. Man kann diese Prüfung auch als die Erdprobe beschreiben. Letztlich geht es nämlich darum, an der Erde, an den Notwendigkeiten und Aufgaben auf der Erde eine Weisheit zu erwerben. Dies wird möglich, wenn wir uns für alle Angelegen-

heiten des Lebens öffnen können, wenn wir in allem noch etwas Positives sehen lernen, wenn wir das Leben bejahen, mit ganzer Kraft und Duldsamkeit. Dies weist auch hin auf die sogenannte Taktprobe, weil wir dabei im Verhältnis zur Mitwelt ein Taktgefühl entwickeln können. Was kann ich dem Anderen zumuten und wo überfordere ich ihn? Dadurch erst kann man seines Bruders Hüter werden.

5. <u>Unbefangenheit und Vertrauen:</u> Kinder können noch unvoreingenommen auf die Welt zugehen. Als Erwachsener ist man durch negative Erfahrungen oftmals vorsichtig, kritisch und ablehnend geworden. Widersachermächte machen und reden die Welt schlecht. Doch in allem gilt es immer auch noch, ein Vertrauen in das Gute zu haben, damit wir das Göttliche nicht verlieren. Die Welt, sie kreuzigt, mit zunehmendem Alter wird dies immer deutlicher. Erstarrung, Verhärtung und Tod sind die Kräfte, denen wir auf der Erde ausgeliefert sind. Das ist Erdenschicksal.

Der in okkulten Kreisen erwähnte „Vergessenheits-Trank" bedingt beziehungsweise er deutet hin auf ein Vertrauen und auf eine Unbefangenheit, damit wir das Äußere, das Negative und Abgründige, das Starre und Tote „vergessen", um dahinter die Lichtwesen, um das Göttliche zum Vorschein bringen zu können. Auf Golgatha waren äußerlich gesehen die Todeskräfte übermächtig; die Kreuzigung auf dem christlichen Einweihungsweg beschreibt diese Stufe. Ein unvoreingenommenes Vertrauen und ein kindlichreiner Glaube an das Leben, das nicht zu besiegen ist, kann auch diese Probe bestehen.

6. <u>Gleichmut oder inneres Gleichgewicht:</u> Alle inneren Kräfte, die wir bisher auf diesem Übungsweg gewonnen haben, sollen in ein Gleichgewicht kommen. Damit haben wir ein Mittel, um der Stufe der Grablegung gewappnet zu sein. Alles muss schließlich einmal durch den Tod gehen können. Alles Erschaffene ist wie ein Same, der zugrunde gehen muss. Der Gleichmut befähigt uns, auch ein Nichts, eine Leere, eine Ohnmacht und selbst den Tod ertragen zu lernen.

Dann erst kann darus ein neues Leben erspießen. Dieses neue Leben können wir aber nicht erzwingen. So wie der Same in der Erde ersterben muss, damit daraus ein Keimling erwachsen kann, so muss im irdischen Leben der „alte Adam", der allzu irdische Mensch sterben können, damit der höhere Mensch, damit der „neue Adam" auferstehen kann.

Doch die Auferstehung ist letztlich ein Akt der göttliche Gnade, die der Mensch nicht selbst erringen kann. Nur vorbereiten kann er sich dafür auf dem Erden-Schicksalsweg, in dem er vor allem die Tugenden und Kräfte in sich entwickelt, die ihn befähigen, auch schwierige und krisenhafte Situationen überstehen und meistern zu lernen.

Die sechs Grundübungen bieten dafür eine zentrales Grundgerüst. Im Weiteren sind zum Beispiel durch den achtgliedrigen Pfad des Buddha, durch ein religiös gestimmtes Leben, durch eine gesunde und disziplinierte Lebensweise mannigfache Wege und Möglichkeiten vorgegeben, die an dem großen Werke, an der Vergöttlichung, an der Wiedergeburt des inneren Menschen mithelfen können.

In diesem Sinne kann das hier Dargestellte nur einen ersten Anhaltspunkt aufzeigen, in welche Richtung eine meditative und spirituelle Arbeit sich in einem christlichen Sinne hinentwickeln mag. Nicht nur um eine persönliche Weiterentwicklung geht es dabei, schon gar nicht um ein spirituelles „Wellness-Angebot" oder gar um eine persönliche Bereicherung.

Wir sollen „Mitarbeiter" und Hüter werden für das „wahre" Leben, das aber erst erscheint, wenn die Verhärtungs- und die Todeskräfte des Irdischen überwunden sind. Im nächsten Abschnitt sollen dazu noch einige erläuternde und vertiefende Gedanken aufgezeigt werden.

„Über sieben Brücken musst du gehen"

In diesem altbekannten Schlagertitel steckt sogar eine spirituelle Weisheit. Es sind nämlich sieben Stufen oder Prüfungen, die der Geistsucher zu überschreiten und zu bewältigen hat, um in den Tempel des Lebens eintreten zu dürfen.

Die Vorbereitungen dafür sind unsere Meditationen und Gebete, die Verehrung und die Hingabe an alles Heilige und wahrhaft Gute, sowie die Fähigkeit zur Demut und Geduld und die Bereitschaft zu einer seelischen Läuterung. Dadurch wird allmählich ein innerer Mensch, ein innerer „Leib", ein Lichtleib herangebildet. Aber nicht wir selbst sind es allein, die diesen Leib erschaffen; das Christus-Licht, die Christus-Liebe und das Christus-Leben impulsieren und befeuern nämlich unser inneres Keim-Atom, unseren Gottesfunken im Herzen, so dass dieser wachsen und allmählich alles Niedere in uns umzuwandeln vermag.

Ist dieser Lichtleib mit der Zeit und mit andauernder Übung mehr und mehr erkraftet, können wir mit diesem zu neuen „Ufern" aufbrechen, uns auf den Weg machen zu einem inneren Tempel, der der Tempel der gesamten Menschheit ist. Das heißt mit anderen Worten, in diesem Menschheits-Tempel sind die kosmischen Kräfte aufbewahrt und bereitgestellt, die sich die Menschheit im Laufe der Menschheitsgeschichte noch „einverleiben" soll. Doch um da hineingelangen zu können, sind eben sieben Stufen oder Brücken zu bewältigen, die den Menschen dafür erst reif machen können.

Im vorigen Kapitel wurden diese Stufen schon einmal angesprochen. Weil dies aber doch keine leichte „Materie" ist, soll hier noch einmal das Wesentliche zusammengefasst sein. Auch muss betont werden, dass solche Proben und Prüfungen sich manchmal auch im ganz normalen Leben ereignen können, also ohne eine besondere Vorbereitung oder dem bewussten Beschreiten eines spirituellen Weges. Es gibt eben auch noch eine sogenannte Lebenseinweihung, wie überhaupt jedes Leben dem Ziele folgt, bewusst oder unbewusst, sich den übersinnlichen Welten wieder anzunähern. Natürlich kann man sich von diesem Ziel auch sehr weit entfernen, aber die Schicksalsmächte wirken langfristig gesehen doch eher dahin, dass sie den Menschen immer wieder so „an-schubsen", dass er irgendwann einmal den Zugang in die lichteren Welten finden wird, auf welchen Wegen auch immer.

Menschheitlich gesehen werden diese Schwellen, Proben und Prü-fungen im und durch das Welten-Schicksal herbeigeführt, also in den Krisen und Aufgaben, die das Zeiten-Schicksal für uns Men-schen mit sich bringt. Näheres darüber kann hier jedoch nicht vertiefend angesprochen werden. In der Apokalypse des Johannes oder in Schriften anderer Verfasser kann zu diesem Thema mehr erfahren werden, zum Beispiel auch in der Schrift des Verfassers: Welten-Dramatik - Erkenntnishilfen in apokalyptischer Zeit.

Die erste Stufe auf dem Weg zur Einweihung wird als <u>Feuerprobe</u> bezeichnet. Ein Geistesmut und ein Selbstvertrauen soll erworben werden, damit wir die niederen Abgründe in uns erkennen und dies vor allem, wenn wir die Scham überwinden, die uns daran hindert, offen und ehrlich in uns selbst hineinzublicken. Schaffen wir dies, so erwacht allmählich das Gewissen immer stärker. Dieses weist uns nämlich auf die Unvollkommenheiten hin, die wir mit und in uns tragen. Akzeptanz, annehmen was ist und der aufrichtige Wille, sich zu läutern, das Niedere zu opfern, egal wie lange dies noch dauern mag, wird hier maßgeblich und förderlich sein.

Der Hüter der Schwelle, der die Geisteswelten vor unreifen Ein-dringlingen schützt, er erscheint in vielen verschiedenen Äußerun-gen und fordert uns dazu auf, nicht nur für sich selbst, also für das eigene Seelenheil zu streiten, sondern vor allem auch, den Mit-menschen zu helfen, sich den Armen, Kranken und Hilfe-suchenden zuzuwenden, um auch diese annehmen, mitnehmen und „emporheben" zu können. Darin drückt sich die sogenannte Fußwaschung aus. Dabei lernen wir den Anderen ganz anzuneh-men und dadurch auch, dessen innerseelische Eigenschaften und Kräfte wahrzunehmen. Eine imaginative Erkenntnis bildet sich allmählich daraus heran. Eine geistige Schau, das geistige Auge erwacht und öffnet sich, wenn wir immer stärker bereit werden und den Mut haben, die Doppelgänger- und Schattenkräfte in uns, im Mitmenschen und in der Welt wahrzunehmen, anzunehmen und diesen das innere Licht, das Christus-Licht, den Segen Gottes zu schenken, damit auch sie allmählich verwandelt und erlöst werden können.

Die zweite Stufe ist die sogenannte <u>Wasserprobe</u>. Hier geht es darum, eine gewisse Selbstbeherrschung zu erlernen. Vielfältige Eindrücke, Bilder, Gefühle, Wünsche, Ängste und Leidenschaften stürmen auf dem inneren meditativen Weg vermehrt und beschleunigt in die Seele ein. Der sichere und feste Grund, den uns der Leib und das Stehen in der Welt normalerweise vermittelt, scheint immer mehr davon zu „schwimmen", wenn man auf dem meditativen Weg eine bestimmte Stufe erreicht hat. Denn dabei lockern sich allmählich die Wesensglieder, das heißt, die feste Verbindung von Seele, Ätherleib und physischem Leib wird freier, offener und lockerer. Dadurch kann die Seele sehr viel leichter von äußeren und inneren Eindrücken mitgerissen werden, wenn sie nicht in sich selbst für eine größere Stabilität sorgen kann.

Wie Wasserfluten, die alles überschwemmen, kann das menschliche Ich von niederen Begehrungen und Illusionen überflutet werden, wenn dieses nicht die Kraft der Selbstbeherrschung, das Verzichten-Können, wie auch die Unterscheidung von Wesentlichem und Unwesentlichem gelernt hat. Die Seele muss hier fähig sein, sich selbst eine Richtung geben zu können, wenn auch die Welt mit „Peitschenhieben", mit Anfeindungen, Verleumdungen, Lügen und Attacken auf uns eindringen will.

Die Stufe der Geißelung fordert heraus, in sich selbst eine Mitte, einen festen Stand zu finden, der uns unabhängig macht von äußeren Einflüssen, vor allem, in dem die Treue zum Geist und damit die innere Führung aus dem Geistigen aufrecht erhalten und bewahrt bleiben soll. Nichts Äußeres trägt an einem bestimmten Punkt des Geistesweges mehr weiter, eine innere Leere, ein endloses, ein gähnendes Nichts ist da auszuhalten, bis irgendwann die geistige Welt zu sprechen und zu tönen beginnt. Wie lange so ein Zustand andauert, liegt nicht in unserer Hand. Bleiben wir auch hier in steter Treue mit dem inneren Licht verbunden, egal was kommen mag, so wird dadurch allmählich eine neue Fähigkeit errungen. Eine neue Bewusstseins-Ebene ist damit verbunden, die inspirative Erkenntnis, bei der sich die Seele von geistigen Wesen und Kräften durchdrungen und durchtönt erleben kann.

Die dritte Stufe oder Prüfung ist die <u>Luftprobe.</u> Diese Reihenfolge muss aber im realen Leben nicht unbedingt so verlaufen. Hier wird sie exemplarisch so beschrieben, um gewisse archetypische Grundmuster herauszuarbeiten, die jedoch immer variabel und individuell recht unterschiedlich erfolgen können.

Das was vorher durch die Selbstbeherrschung beziehungsweise durch die Wasserprobe errungen wurde, muss bei dieser Prüfung auch noch hergegeben, geopfert werden. Denn die „Luft" bietet keinerlei Stütze mehr, in der die Seele noch eine Orientierung finden könnte. Die Seele wird während und in der fortgeschrittenen meditativen Übung, wenn sie keine weitere geistige Wegweisung und dadurch auch keine Orientierung mehr finden kann, meistens einfach müde und der Meditierende schläft dann normalerweise ein. Wenn der Mensch schläft, löst sich sein Ich und seine Seele vom Leib und geht über in die astrale und die geistige Welt. Nur haben wir im normalen Schlaf davon kein Bewusstsein mehr. Auf dem Einweihungsweg geht es aber gerade darum, quasi mit Bewusstsein einzuschlafen, sich also vom Leib lösen zu können, ohne dabei einzuschlafen. Dazu braucht man aber eine enorme Geistesgegenwart.

Heute spricht man in esoterischen Kreisen viel von Achtsamkeit und Präsenz. Diese müssen so gesteigert werden, damit man im Augenblick des Einschlafens auch noch wach bleiben kann. Diese Präsenz und Geistesgegenwart kann in einer Meditation geschult werden; sie entspricht der sogenannten Dornenkrönung. Mit dieser geistigen Errungenschaft bekommt man eine Aufgabe und eine Verantwortung vom Hüter der Schwelle zugeteilt, nämlich die, auch für die Mitmenschen zu einer Art Hüter zu werden.

Wer die himmlische Weisheit für sich selbst erringen will, muss diese auch in die irdische Welt ausstrahlen, auch wenn die veräußerlichte Welt alles Geistige oftmals verhöhnt und bekämpft. Deshalb hat die göttliche Weisheit, die Himmelskrone, im Erdenreich Dornen. Der Dornengekrönte leidet an der Welt. Hier noch wach zu bleiben und nicht im Schmerz, im Leiden zu versinken, dazu bedarf es eben der Geistes-Gegenwart, einer wachen Bewusstheit, um auch noch für und in der geistigen Welt eine Präsenz, um auch da noch bewusst und erkennend weilen zu können.

Mit einer starken Geistes-Gegenwart dringen wir in alles ein, bleiben nicht nur analysierend und urteilend der Welt gegenüber stehen, so wie dies normalerweise geschieht.

Ganz da sein, wach, achtsam, konzentriert und geistesgegenwärtig, wenn auch alles sich gegen uns verhält, bewirkt, dass wir uns nicht verlieren, nicht einschlafen, nicht im Leiden, in der Ablenkung oder im schönen Schein vergehen, denn diese Wachheit, Offenheit und Präsenz schenkt erst die Möglichkeit, von unserem höheren Wesen, von unserem göttlichen Teil durchdrungen und durchpulst zu werden. Eine noch höhere Bewusstseinsstufe wird damit erreicht: die intuitive Erkenntnis, bei der die Seele sich eins weiß mit ihrem „Gegenüber", mit dem Ziel ihrer Betrachtung.

Mit diesen Stufen oder Brücken, die der Geistesschüler gemeistert hat, ist eine Einweihung in die geistigen Sphären und Welten vollzogen. Doch noch weitere Stufen sind zu besteigen, damit sich die Seele immer höher und weiter in die kosmischen Sphären hineinleben kann, ohne aber die Aufgaben und Nöte in der irdischen Welt zu vergessen oder zu vernachlässigen. Der Stein der Weisen besteht eben darin, dass sich Himmlisches und Irdisches verbinden und vermählen können, dass sich der Mikrokosmos Mensch und der Makrokosmos ergänzen und erweitern können.

Diese weiteren und höheren Stufen sind in der christlichen Einweihung mit den Begriffen des Kreuztragens, der Kreuzigung, der Grablegung und der Höllenfahrt und schließlich mit der Auferstehung und der Himmelfahrt angesprochen, so wie diese im vorigen Kapitel schon angedeutet wurden.

Für unsere Betrachtung hier mögen die ersten drei Stufen genügen, da sie schon eine sehr große Aufgabe beinhalten, an der wir zumeist noch sehr lange zu arbeiten haben. Gewiss gibt es auch andere Wege in die geistige Welt, wie den sogenannten rosenkreuzerischen oder den alchemistischen Weg und noch andere, zum Beispiel die aus östlichen Geistesströmungen.

Der christliche Einweihungsweg wurde von Christus selbst eingeführt, daher kann er als ein Urbild betrachtet werden, auf dem Christus mit uns geht, den wir folglich nicht alleine gehen müssen. Christus stärkt und führt, er schickt uns die Proben und Prüfungen, die wir ertragen und somit auch schaffen können.

Mancher mag vielleicht meinen, er bräuchte als ein sich selbst bestimmender Mensch keinen Gott mehr, weil ihn ein menschlicher Weisheitslehrer schon genügend fördern kann. Das mag für viele auch genügen, ich halte mich da eher an den folgenden Spruch:

„Ein Weiser mag mir manches erhellen, wo aber ein Gott auch noch erscheint, da ist doch andere Klarheit", so hat dies Friedrich Hölderlin einmal ausgesprochen.

Sicherlich ist diese Darstellung hier noch lange nicht ausreichend, um die vielen inneren und äußeren Erlebnisse und Erfahrungen aufzeigen zu können, die mit einem solchen Einweihungsweg verbunden sind. Da gibt es Zeiten einer stärkeren inneren Entwicklung, dann wieder lange Zeiten einen Stillstand und die immer gleichen Mühen. Ohne Geduld und Ausdauer, ohne Bescheidenheit und Demut ist daher nicht viel zu erringen. Doch gerade in diesen Tugenden haben wir uns Fähigkeiten erworben, die uns auch ganz allgemein im Leben nützlich und förderlich sind.

Entscheidend auf diesem Wege ist es ja, dass der geistig Strebende sich ein Ziel und ein Ideal gebildet hat und dadurch einen festen Entschluss fassen kann, überhaupt einen solchen Entwicklungsweg gehen zu wollen. Wie lange dieser dauert, ist nicht entscheidend. Nur ein Ziel müssen wir im Auge haben: die Einweihung in die göttlichen Mysterien und Welten. Mitzuarbeiten am Tempel des Lebens, am Tempel der Menschheit, der Göttliches und Menschliches in sich verbinden und der aus menschlichen Willens- und aus göttlichen Weisheits-Kräften auferbaut wird, ist Weg und Ziel zugleich.

Die Liebe zu diesem Tempel, zu diesem Menschheits-Ideal ist dann auch der „Baustoff", mit dem wir an unserem „eigenen Haus", an unserem lichten Leib, letztlich an unserem Auferstehungsleib mitarbeiten, mitbauen dürfen. Hierin findet der Mensch seinen höheren Auftrag, sein menschheitliches Ziel und den tiefsten Sinn, den er im Leben nur finden kann.

In diesem Sinne, mit diesen Grundgedanken wollen wir die weiteren Schritte und Abschnitte auf dem Weg zu einem „ganzen" Menschen hin angehen.

Raum schaffen für die Welt von Morgen

Meistens gehen wir nicht besonders achtsam um im Verhältnis zu unserer Mit- und Umwelt. Wir handeln oftmals nach unserem Eigendünken, ohne darauf zu achten, wie die Welt dies aufnimmt oder was uns von dieser daraufhin zurückkommt. Es fehlt dafür zumeist ein innerer Raum, in dem wir spüren können, was ist die Resonanz, was ist der Eindruck, den die Welt in uns erwirkt. Der heutige Zeitgenosse ist ja mehr mit dem Agieren und dem Ausleben seiner inneren Bedürfnisse und Wünsche beschäftigt, als mit dem Reflektieren und dem Hinhören, was unsere Taten eigentlich bewirken.

So ist es heutzutage notwendig beziehungsweise eine notwendende Tugend und in der Zukunft noch viel mehr, dass man lernt, in sich hinein zu hören, in sich hinein zu lauschen, um damit einen seelischen Raum in sich zu erschaffen. Wir sollen eben nicht nur nach Außen hin agieren, also nicht immer nur aktiv sein, um vor allem auch eine passive, empfangende und achtsame Haltung einnehmen zu können. In diesem inneren Raum des Seele ist oftmals jedoch noch viel Vergangenes verborgen, das wir vielleicht noch gar nicht richtig aufgearbeitet haben. Zudem gibt es da aber auch Wünsche und Bestrebungen, die in die Zukunft weisen, sowie die vielfältigsten Vorstellungen, Gedanken, Sehnsüchte und Ideale, die man im Alltagsleben allzu leicht übersehen oder überhören kann.

Jedoch, ohne eine innerliche Frage und ohne eine Offenheit für das Zukünftige, sowie der Wahrnehmung, was mir eben aus der Zukunft entgegen kommen, was in mir entstehen will, lebt man allzuleicht nur noch im Alltagsgetriebe fort und fort. Daher sollten wir uns immer wieder eine Auszeit nehmen für ein Gespräch mit uns selbst und dabei ein Interesse entwickeln für die eigenen tieferen seelischen Wünsche und Forderungen. Eine offene Haltung ist dabei maßgebend, bei der das Vergangene angeschaut und das Zukünftige hereingelassen wird.

Und dies nicht nur mit sich selbst. Auch im Verhältnis zu den Mitmenschen kann sich ein Begegnungsraum, kann sich ein inneres oder auch ein äußeres Zwiegespräch heranbilden, daraus sich ein gemeinsames Ziel ergeben kann, etwas, was werden will. Ja, selbst mit der geistigen Welt, mit Elementarwesen, mit der Erde, mit den Pflanzen, Tieren und Steinen darf sich ein Zwiegespräch, darf sich ein Begegnungsraum ausbilden, in dem wir unsere Aufmerksamkeit, unser Interesse und unsere Zuwendung da hineingeben und dann einfach beobachten und spüren: was kommt zurück, was für Eindrücke entstehen daraus in meiner Seele, in meinem inneren Raum.

In einer Begegnung entstehen immer zwei Richtungen: man gibt, zum Beispiel ein Interesse, eine Aufmerksamkeit, Wünsche, Begehrungen und so weiter und man nimmt, leider oftmals viel zu wenig wahrgenommen: Eindrücke, Stimmungen, Gefühle, Resonanzen und so weiter auf.

Was geben wir in die Welt, was sind unsere seelisch-geistigen und spirituellen Impulse für die Welt? Interesse, Mitgefühl, Kreativität, Gestaltungswille, Empathie, gute Gedanken und Gefühle, Gebete und Segenswünsche können wir an und für die Welt verschenken. Und dann, was kommt davon zu uns zurück? Spüren lernen, wie die Welt reagiert, achtsam sein, lauschen, offen sein, nichts bestimmen wollen, nur empfangen.

Eine Resonanz ergibt sich, weil alles Äußere auch in uns ist. Wie die Saiten eines Instrumentes mitschwingen, wenn ein bestimmter Ton angeschlagen wird, so begegnen sich Innen und Außen auch in uns. Des Menschen Seele ist Sender und Empfänger zugleich. Aktiva und Passiva, Männliches und Weibliches, die Vita Aktiva und die Vita Contemplativa dürfen zusammen kommen, das heißt, gleichberechtigt gelebt und gehandhabt werden. Heute herrscht oftmals das aktive, das männliche Prinzip vor.

Maria, die sich hingebende Seele, sie empfängt den heiligen Geist: „Mir geschehe nach deinem Wort". Dies gleicht einer Empfängnis: wir dürfen die Zukunft empfangen.

Oftmals hat man aber Angst oder ein banges Gefühl vor der Zukunft, vor allem, wenn man in den Medien zumeist nur noch die schlechten und besorgniserregenden Nachrichten aus der Welt erfährt. Doch letztendlich ist die Welt gut! Das heißt aber nicht, dass wir ungute Missstände als gut deklarieren und schönreden sollen. Eher geht es darum, das Schlechte und Böse als etwas zu erkennen, das letztlich immer etwas Gutes schafft, weil der Mensch oftmals schwierige und schmerzende Erfahrungen braucht, bis er bereit wird, sich allmählich ändern und wandeln zu wollen. Somit hat das Böse auch einen Sinn.

Wir benötigen demzufolge eine positive Einstellung, eine Zuversicht, um auch noch im vermeintlich Schlechten etwas Gutes erkennen zu können.

Alles, was uns aus der Zukunft entgegenkommt, ist gut, denn es dient schließlich unserer seelisch-geistigen Entwicklung, auch die Krisen, Krankheiten und sonstigen Umbrüche. Eine Lernfähigkeit will sich heranbilden, die in allem noch etwas Positives sehen lernt.

Alle Wesen der Erde, die ganze Natur dient schließlich dem Menschen. Der Stein, das Mineral nährt die Pflanze, die Pflanze nährt das Tier und den Menschen und auch das Tier nährt und gibt sich dem Menschen hin. Und wen nährt der Mensch? Nährt er die „Teufel" oder nährt er die Engel?

Die Engel nähren die Erz-Engel, die Erz-Engel nähren die Zeitgeister, diese noch höhere bis zu den Seraphinen, zu den Geistern der Liebe hin. Und die Seraphine „nähren" und ehren mit ihrer Hinwendung und Liebe schließlich Gott. Und Gott beschenkt wiederum alle Wesen mit seiner Kraft und seinem Leben. Immer geschieht dabei eine Begegnung, eine Resonanz, ein Zwiegespräch, ein Austausch und damit eine gegenseitige Förderung und Entwicklung. Oder aber im anderen Fall eine Behinderung, vor allem im Bereich des Menschen, der die Möglichkeit der freien Entscheidung zum Guten wie zum Schlechten hat und diese nutzen kann. Letztendlich geschieht dabei immer ein Geben und Nehmen, jedoch, niemals kann eine andauernde Einseitigkeit zu einem gesunden Weiter-Schreiten führen. Nur immer zu Geben oder zu Nehmen macht krank.

Durch des Menschen geistige Entwicklung wird sein Engel genährt. Doch diese ist, wie gesagt, in des Menschen Freiheit gestellt. Er kann sich eben auch aus diesem göttlichen Wirkens-Gesetz ausklinken und in egoistischer Manier nur nehmen wollen. Dann muss sein Engel darben.

Eine geistige Entwicklung zum Göttlichen hin ist daher immer mit einem Opfer, mit einem Verzicht verbunden. Das Niedere opfert sich für das Höhere, das Höhere schenkt sich dem Niederen! Dadurch geschieht ein Austausch, geschieht eine Begegnung und allmählich auch eine Beziehung. Ein gegenseitiges Angewiesensein ist der tragende Grund für alles Sein. Kein Wesen kann nämlich für sich alleine existieren. Die Liebe ist schließlich die Kraft, die daraus entsteht, wenn wir unsere gegenseitige Bedürftigkeit erkennen, annehmen und schätzen lernen.

Am Beispiel Eltern – Kind wird dies anschaulich. Denn nicht nur die Eltern geben, auch das Kind schenkt den Eltern viel, selbst wenn eine Kindererziehung mit persönlichen Opfern und Einschränkungen für die Eltern verbunden ist. Aber dadurch kann ja auch die Liebe wachsen. Immer geschieht irgendwie ein Austausch. In diesem und durch diesen werden neue Räume geschaffen, in denen Neues, Unvorhergesehenes und Zukünftiges geschehen kann. Dadurch finden wir überhaupt den Antrieb für eine innere Entwicklung. Sich berühren lassen vom Anderen, in Resonanz gehen mit ihm, neue Eindrücke annehmen und erkennen, zu was sie uns auffordern wollen, wie wäre dies überhaupt möglich ohne eine Liebe, die wir diesen Eindrücken entgegenbringen?

Natürlich können manche Eindrücke das eigene Seelische auch überfordern, vereinnahmen oder überrumpeln. Da gilt es dann, sich zu schützen und auch Grenzen zu setzen. Was wirkt förderlich, was destruktiv und zerstörerisch?

Auch da müssen wir in uns hineinspüren, keine faulen Kompromisse eingehen, denn in uns, in unserer tiefsten Überzeugung und Wahrheitsempfindung wissen wir, was gut für uns ist, vor allem, wenn wir selbst in Resonanz gehen mit dem Wahren und Guten in uns. In der Begegnung, Verbundenheit und Freundschaft mit sich selbst baut alle weitere Beziehungsfähigkeit mit der „Außenwelt" auf. Daher ist es so wichtig, sich in sich zu Hause zu fühlen, in sich den guten Freund zu finden, der immer bei uns ist, der uns berät, begleitet, führt und nährt.

Christus ist göttlich und menschlich zugleich. Eine Begegnung mit ihm geschieht sogar auf „Augenhöhe" und sie ist schenkend, wenn der Mensch sich ihm gegenüber öffnen und hingeben kann. Christus ist unser aller Freund und Helfer. Eine Beziehung zu ihm und mit ihm lässt neue Räume und eine Verbundenheit erwachsen, die immer eine Zukunft haben wird. Doch keine „Zweierbeziehung" soll daraus erstehen, denn Christus ist vor allem da zu finden, wo Menschen sich in einer geschwisterlichen Liebe begegnen wollen. Im Zwischenmenschlichen und Sozialen kann er gefunden werden.

Christus begleitet und führt die Menschheit vom Urbeginne an bis zu ihrem letztendlichen Ziel. Er ist „das Alpha und das Omega". Aus diesem, seinem und unserem Ziel kommt uns immer eine Kraft entgegen, die uns weiterbringen und weiterführen will. Auch wenn manchmal recht steinige Wegstrecken vor uns erscheinen, kommt aus der Zukunft neue Kraft entgegen, vor allem, wenn wir uns entschließen, mit ihm immer weiter zu gehen.

Die Quelle und damit der Anfang ist meistens rein, der Bach und der Fluss manchmal noch schön und klar, doch dann auch wieder, je weiter man sich von der Quelle entfernt, ist der Fluss, zumeist von uns Menschen, verdreckt, zugebaut und eingeengt. Jedoch, in der Mündung, im Meer wird das Wasser gereinigt und somit wieder klar, weit und rein. Das Meer nährt nämlich alle Flüsse und Gewässer.

Doch leider sind wir auch in unseren Tagen dabei, die Meere immer mehr zu verschmutzen. Der Mensch trägt seinen Müll, seine Unreinheit leider überall hin. Die Erde beziehungsweise die Naturkräfte sind dadurch gezwungen, sich immer wieder zu reinigen, manchmal auch mit Unwettern und Katastrophen, ähnlich wie bei einem Gewitter, wo die Luft hinterher wieder klar und rein erscheint. Somit dienen Überflutungen, Stürme, Erdbeben und Vulkan-Ausbrüche letztlich diesem Zweck.

Da wir von der Erde abhängig beziehungsweise mit ihr verbunden sind, spüren wir, wenn wir achtsam sind, dies natürlich auch. Alles, was wir von uns geben, kommt nämlich in verwandelter Form wieder auf uns zurück, auch unsere Leidenschaften, unsere Egoismen, unsere Destruktivitäten und Negativitäten und noch vieles mehr, denn diese zeigen und spiegeln sich irgendwann im äußeren Naturgeschehen. Sicher nicht immer sofort, da können

Jahre oder auch mehrere Leben vergehen, bis sich bestimmte seelische Einseitigkeiten im Äußeren zeigen. Und dies nicht nur in Naturkatstrophen, auch in Epedemien, in Unglücken und in vielfältigen Krankheitserscheinungen kommt unser selbstverschuldetes Fehlverhalten irgendwann auf uns zurück.

Oftmals hat man freilich das Gefühl, es trifft die Falschen, die Armen, die eh schon vom Schicksal gebeutelt sind, da die hauptsächlichen Verursacher der immensen Verunreinigungen und Erdverwüstungen heute in den Chef-Etagen, zum Beispiel in gewissen Geld-Instituten und Konzernen sitzen und bisher meistens ungeschoren davon gekommen sind. Jedoch, jede Krise, jedes Unglück und jede Katastrophe kann neue Impulse freisetzen, kann Entwicklungswege beschleunigen, damit man sich zukünftig bemüht, noch mehr und noch besser in Einklang, in Resonanz zu kommen mit den Kräften und Wesen unserer Mutter Erde. Und da können die heute Geschädigten Vorreiter für eine zukünftige Entwicklung sein.

„Mutter Erde" trägt, nährt, hütet und schützt, so wie dies nur eine gute Mutter kann. Doch wenn die Kinder auf falsche Bahnen geraten, muss sie auch mal eine Strenge zeigen. Ja, manchmal muss sogar „Vater Himmel" eingreifen, damit dem „Nachwuchs" Einhalt geboten werden kann. Symptome für solche Erziehungsversuche gibt es heute schon genug. Daher sollten wir von unserem „pubertären" Gehabe gegenüber der Erde ablassen, diesem entwachsen, um erwachsen zu werden, um also eine Beziehungs-Ebene auf Augenhöhe gegenüber und mit der Erde, mit unserer „Mutter" finden zu können.

Die Erde ist schließlich auch in uns, denn ein Mütterliches hat ja jeder, zumindest als eine Potenz in sich. Leiblich gesehen sind wir aus Erden-Stoffen aufgebaut und damit seit Jahrtausenden mit ihr verbunden. Die Erde kennt unsere vergangenen und zukünftigen Schicksalswege, sei es in Form der Nornen, also der germanischen Schicksalsgöttinnen oder der Sybillen aus der griechisch-lateinischen Kultur. Weibliche Kräfte und Wesen, Göttinnen, Feen, Zauberinnen und Priesterinnen verweisen schließlich in die inneren, in die seelisch-geistigen Kräfte der Erde hinein.

Die Erde freut sich, wenn wir uns mit dem Himmel verbinden

wollen, damit Himmels-Segens-Kräfte über den Menschen in das natürliche Erdenwesen, zu den Naturwesen hingelangen können. Dadurch kann eine Heilung für den Menschen und für die Erde geschehen. Sich nur den Erdkräften hinzuwenden, um von diesen geheilt zu werden, wie zum Beispiel durch eine alte und naturverbundene Geistigkeit, wird zukünftig alleine nicht mehr ausreichen. Eine Begegnung von Himmel und Erde, folglich von den Himmels- mit den Erdenkräften erschafft erst die „Räume", in denen für alle etwas Neues entstehen kann. Dadurch kann die Erde selbst dem Himmel entgegenwachsen, himmlisch werden. Der Mensch wird darin zum Vermittler, zum Mitgestalter und zum Miterbauer einer neuen Erde, aber auch eines neuen Himmels.

Durch den kosmischen Sündenfall war die Erde aus dem geistigen Weltall heraus gefallen, hatte sich abgesondert und dadurch das Tier-, Pflanzen- und Mineralreich aus dem ursprünglichen, aus dem kosmisch-himmlischen Zusammenhang mit herausgerissen. Zukünftig soll es um eine Wiedervereinigung, um eine Vermählung von Erd- und Himmelskräften gehen, damit das „Fressen und Gefressenwerden" beziehungsweise „der Stärkere setzt sich durch" aufgehoben werden kann. Die Natur und die Kreatur, sie warten hierbei sehnsüchtig auf die Erlösung des freien Menschen. Diese geschieht, wenn der Mensch seine Erd- und Leibeskräfte, wenn er also den leiblichen Menschen mit dem himmlischen Menschen, mit den Himmelskräften vereinigen kann. Dadurch wird sich allmählich eine Vermählung der Himmelskräfte mit den Erdkräften im Menschen vollziehen. Mit anderen Worten, Geist, Seele und Leib können eine neue Einheit bilden. Dies ist unsere Zukunft, dies wird die Welt von Morgen sein.

Für und auf dieses Ziel hin können wir auch schon heute hinarbeiten und daran mitwirken. Jeder Einzelne kann seinen ganz individuellen Beitrag dazu leisten. Jeder Mensch hat ja ganz besondere Gaben, die nur er hat und die er in sich entdecken und fördern kann, damit seine Bemühungen schließlich dem „großen" Ganzen zugute kommen können. Somit wird die Zukunft immer eine positive sein. Denn das Ziel, die Vereinigung von Himmel und Erde ist im Keim, ist als ein „Prototyp" schon errungen, als Christus beim Mysterium von Golgatha sich ganz mit dem Erden-leib und mit dem Erdwesen verbunden hat und daraus einen neuen, einen zukünftigen Menschenleib, den Auferstehungsleib des „Auferstandenen" gezeugt hat. In diesem ist der Himmel und die Erde, ist der Geist und der Leib eine ewige Vermählung eingegangen. Daran können wir uns ausrichten und orientieren.

Wenn auch dieses Ziel für den Einzelnen noch in sehr weiter Ferne liegt, ohne Ziel können wir schwerlich die Wege finden, die uns sicher und bestimmt im Erden-Sein führen und bereichern können.

Welt-Untergangs-Gedanken schaden nur dem, der diese hat. Wenn auch eine entsprechend „große" Literatur und viele Katastrophen-Szenarien, Filme und „apokalyptische" Voraussagen und dergleichen mehr, bei vielen Zeitgenossen eine „gute" Konjunktur haben, so bringen sie uns nicht wahrhaft und wirklich weiter. Dies sollten wir bedenken und uns entscheiden, für was und für welche Ziele wir uns in der Welt einsetzen wollen. Die „Dunkelmächte", die Verneiner und die Schlecht-Reder, ihre Zahl ist groß; das Gute, das Heilbringende gleicht dagegen noch einem zartem „Pflänzchen" in der heutigen Welt, das aber gepflegt, gegossen und genährt werden will, damit es einmal eine große und wunderschöne Pflanze werden kann, die mit ihren Blüten und Düften alle Welten erfreuen will und dann auch kann.

Der hermetische Weg

Hermes Trismegistos, der „dreimal Große", ist der Begründer der alt-ägyptischen Kultur, damals unter dem Namen Thot. Als Hermes begründete er später die antike griechische Kultur. In der Tabula Smaragdina, die ihm zugeordnet wird, sind uns die grundlegenden Prinzipien überliefert, die sogenannten hermetischen Prinzipien, die das Leben im Irdischen nach geistigen Gesetzen beschreiben, regeln und gestalten. Diese sieben Prinzipien sind hier aber nur sehr kurz zusammengefasst und vereinfacht dargestellt:

1. <u>Das Prinzip der Geistigkeit:</u> Der Geist ist das Primäre in der Schöpfung, nicht die Materie. Er durchzieht und durchwirkt alles – das Seelische, das Lebendige, wie auch die Materie. Nach geistigen Gesetzen ist das Weltall aufgebaut.

2. <u>Das Prinzip der Analogie:</u> Das Oben ist wie das Unten, das Innen wie das Außen. Oder frei nach Goethe: „Alles Vergängliche ist nur ein Gleichnis". Irdisch-äußerliche Verhältnisse sind das Resultat beziehungsweise sind die Entsprechung für seelisch-geistige Ursachen, die wir einmal gesät haben. Ist im Geistigen Streit, wird er sich irgendwann auch im Irdischen zeigen.

3. <u>Das Prinzip der Resonanz:</u> Gleiches zieht Gleiches an, Gegensätzliches stößt sich ab. Wir ziehen das an, für was wir seelisch-geistig aufnahmebereit sind.

4. <u>Das Prinzip der Polarität:</u> Plus und Minus, Tag und Nacht, Mann und Frau, Yang und Yin, gesund und krank, gut und böse, schön und hässlich und so fort. Wir leben in einer Welt der Dualitäten. Einen Ausgleich beziehungsweise eine Harmonie kann sich darin nur ergeben, wenn für einen Wechsel der Polaritäten gesorgt wird. Dies geschieht durch das nächste Prinzip.

5. <u>Das Prinzip des Rhythmus:</u> Schwingungen gleichen aus. Ein Pendel bewegt sich zwischen den Polen. Dadurch kommt eine Bewegung zustande; alles gerät somit in einen Fluss. Pole erzeugen Spannungen und damit die Extreme, der Rhythmus gleicht aus und verbindet.

6. <u>Das Prinzip der Kausalität:</u> Das Gesetz von Ursache und

Wirkung ist nicht nur in der Physik, sondern auch im Seelisch-Geistigen ist es zu finden; überall ist es, zum Beispiel als Karma, wirksam. „Was du säst, das wirst du ernten". Wann die Wirkungen für seelische Ursachen eintreten, bestimmen wir jedoch nicht selbst. Überhaupt können wir diese Prinzipien nicht wirklich beeinflussen; wir können sie nur erkennen und anwenden lernen, damit sie uns zum Guten hinführen.

7. Das Prinzip des Geschlechts: Geschlecht ist in allem, im Menschenreich, im Tierreich, im Pflanzenreich, ja selbst die Erde ist gegenüber dem Himmel weiblicher Natur, denn der Himmel prägt sich in sie, bis in die Welt der Mineralien und Steine hinein. Die Erde empfängt das himmlische Gesetz, die geistige Struktur. Aus der bloßen und empfangenden Ur-Materie, der sogenannten Prima Materia, wird dadurch gestaltete und geformte Welt.

Das Prinzip des Geschlechts zielt letztlich jedoch immer auf eine Vereinigung, auf eine Vermählung hin. Daraus resultiert ein weiteres Prinzip, nämlich: das Kindliche, das Neue, das zu Schaffende, der sogenannte Mercurius. Auch in uns selbst ist dieses Prinzip wirksam, da jeder Mensch männliche und weibliche Anteile in sich hat und diese ein Drittes, eine kreative und schöpferische Kraft erzeugen können.

So erst einmal in Kürze die geistigen Grundprinzipien des Hermes Trismegistos.

Eine hermetische Geistesströmung durchwirkte im Laufe der Menschheitsgeschichte viele Zeitepochen und schuf darin so mancherlei spirituelle Disziplinen. Schon im alten Babylon entstand die damalige Astrologie, im Jüdischen die Kabbalistik, dann im Mittelalter die Alchemie, aus der die Spagyrik, die Anwendung in der Heilkunst hervorgegangen ist, die vor allem auch von dem bekannten Arzt und Heiler Paracelsus entwickelt und bekannt gemacht wurde. Darin sind viele und reichhaltige Facetten eines spirituellen Weltbildes enthalten. Letztlich betreibt und fördert die Hermetik vor allem die Einheit dreier unterschiedlicher Geistesströmungen, nämlich der Mystik, der Gnosis und der Magie.

Den Beginn sollte dabei die Mystik, die mystische, die innere Verbindung mit dem Göttlichen, mit der Welt des Geistes ausmachen. Die Gnosis bringt dann zum Ausdruck, fasst in Worte und in

Erkenntnisse, was das innere Leben offenbart und die Magie betreibt die Anwendung der inneren Erkenntnisse in äußeren Handlungen, in Ritualen und sakralen Handlungen, damit Geistiges im Irdischen zum Wirken kommen kann.

In der heiligen Magie kann Göttliches wirken, da sich der Magier, der Priester oder Heiler nur als Übermittler für geistige Kräfte und himmlische Wesen erkennt. Persönliche Magie versucht dagegen selbst, bestimmte Gesetze und Prinzipien beziehungsweise Rituale und Anrufungen so anzuwenden, dass der Magier selbst zum Ausführenden und Gestalter dieser Gesetze wird. Das ist nicht ungefährlich, da oftmals nicht überschaut wird, was durch bestimmte rituelle Vorrichtungen im größeren Ganzen angerichtet wird. Die schwarze Magie, die finstere Mächte herbeiruft, um persönliche Vorteile für sich selbst gewinnen zu können, ist sowieso das Schlimmste und Verwerflichste, worauf man sich auf einem spirituellen Weg einlassen kann.

Die heilige Magie schützt davor. Sie spricht: „Im Namen Gottes …" oder „Nicht ich, der Christus in mir …" oder „Dein Wille geschehe ..." und so weiter. In der heiligen Magie wirkt Göttliches in das Menschliche hinein, eine Heilung, eine innere Transformation und Transsubstatiation kann sich dadurch ereignen.

Doch zum Göttlichen selbst hinzukommen, ist ja nicht ganz so einfach. Da gibt es einige Stufen, Prüfungen und Sphären zu erringen, die uns von den göttlichen Welten trennen. Dieser Weg beziehungsweise diese Ebenen bis dort hin, sind uns im kabbalistischen Lebensbaum, in den sogenannten zehn Sephirot vorgezeichnet.

Von Malkuth, der Erde, geht es über verschiedene Ebenen und Sphären bis zur höchsten Sephirot, bis zur Sphäre Kether, in der sich erst danach die göttlichen Reiche, die Himmel offenbaren.

Ich kann hier aber nicht näher auf die Sephirot beziehungsweise auf den kabbalistischen Lebensbaum eingehen, denn entscheidend sind ja die Wege zwischen und zu den einzelnen Sphären. Diese entsprechen den 22 großen Arkanen des Tarot. Darin sind die Stufen und Wege beschrieben vom Magier, dem ersten Arkana, bis zur Welt, dem letzten Arkana beziehungsweise dann auch von der Welt bis zum Magier, weil ja das Oben und das Unten sich ergänzen wollen.

Die Hermetik ist ein in sich geschlossenes System, so kann zum Beispiel der Tarot, die Astrologie, die Sephirot oder auch die Alchemie für sich alleine stehen. Bis in die heutige Technik findet dies seine Auswirkung, weil die Hermeneutik geschlossene Systeme und Dichtigkeiten beschreibt und errichtet.

Die Hermetik durchwirkt schließlich alle spirituellen Strömungen, sie ist universell, entweder als Mystik, Gnosis oder Magie. Im alten Indien oder China, bei den Mayas oder Inkas, überall gibt es geschlossene Systeme, die das qualitativ-geistige Einwirken im Irdischen beschreiben, damit die geistigen Gesetze, die dem Irdischen zugrunde liegen, erkannt werden können.

Mystik, Gnosis und Magie zu erlernen, dies bedarf vor allem einer Schulung des Fühlens, des Denkens und des Wollens. „Die seelischen Welten, wie auch die Erde und die Wesen der Natur, sogar die Himmel und die Engel, sie fühlen in mir", das ist Mystik. „Die geistige Welt, der Himmel denkt in mir", das ist Gnosis. Und: „Der Himmel, der Weltenwille, das Göttliche will in mir", das ist heilige Magie. Diese Sätze können als geistige Übung aufgefasst und ausprobiert, das heißt, meditiert werden.

Dann eine Stille ... sich darin einfühlen, denn die Himmel, sie offenbaren sich auch in mir. Dazu bedarf es einer inneren Ruhe, Devotion und Hingabe, sowie einer Nüchternheit, einer Leere, Wachheit, Achtsamkeit und Klarheit, aber keiner Ekstase mehr, bei der sich die Seele in Trance, im Rausch oder in ähnlichen Zuständen entrückt, um das Irdische, um den Leib verlassen zu können. Dies wäre für die westliche Welt nicht mehr zeitgemäß.

In der Alchemie geht es vor allem darum, die Gegensätze zu verbinden: Sulphur und Sal, Sonne und Mond, der Merkurius verbindet. Dies entspricht in analoger Weise unter anderem auch dem Männlichen und dem Weiblichen, die durch das Kindprinzip erweitert und damit miteinander verbunden werden können.

Sulphur, das Heiße, das Männliche und Sal, das Kalte, das Weibliche wird von Mercurius, dem Flüchtigen, Fließenden und Bewegenden beziehungsweise dem Kindlichen verbunden. Im Leiblichen ist es das Stoffwechsel-System, das mit dem Sinnes-Nerven-System durch das Rhythmische System (Herz, Kreislauf) verbunden und ausgeglichen wird. Schließlich kann man sagen, dass zu einem gesunden Wirken eben Kopf, Herz und Hand (Bauch) zusammen kommen müssen. Wir dürfen mit Herz, mit Verstand und mit geschickter Hand durchs Leben gehen.

Der Mensch entspricht somit auch einer Pflanze, doch umgekehrt:
- mit dem Haupt, mit dem Denken, soll er in den geistigen Prinzipien und Gesetzen wurzeln,
- mit dem Herzen darf er sich in die Welt hinein öffnen, wie die Blätter einer Pflanze
- und mit dem Willen, in seinen Handlungen, dürfen sich die „Blüten" entfalten, damit reiche Früchte gedeihen können. Denn wir Menschen sollen ja für die Welt fruchtbar sein.

Die Welt, die Natur, die Elemente, die ganze Kreatur, die Sterne und Planeten, sie sind unsere Lehrmeister. Die hauptsächlichste hermetische Kunst ist es ja, das Untere, das Niedere und Gefallene in das Obere zu verwandeln beziehungsweise dieses mit dem Oberen zusammen zu bringen, damit daraus etwas Neues entstehen kann.

Stoff-Trieb, Vernunft-Trieb und Spiel-Trieb, so nannte Friedrich Schiller diese alchemistische Dreiheit aus Sulphur, Sal und Mercurius. Der Magier, der an der Welt arbeitet und diese verwandeln, veredeln will, er spielt. Er verkrampft sich nicht und er will nicht zwanghaft siegen. Eine mühelose Mühe, eine Gelassenheit und ein spielerisches Kreieren bringt die Gegensätze eher zusammen, als ein sich Versteifen, ein Verhärten oder ein Kampf um den „rechten Weg". Will man die Polaritäten ausgleichen und erhöhen, so muss zu dem einen Pol immer auch das Gegenbild herangezogen werden, damit allmählich ein Ausgleich geschehen kann.

In der Astrologie ist es die Opposition, also das Tierkreiszeichen, das im Tierkreis gegenüber liegt, das einen gewissen Ausgleich zu den einseitig dominierenden Eigenschaften des einen Tierkreiszeichens herbeiführen kann. Eine Heilung wird sich aber erst ergeben, wenn wir gelernt haben, spielerisch mit beiden Kräften, mit beiden Zeichen umzugehen, das heißt, wenn wir je nach Situation mal das Eine, mal das Andere zum Ausgleich bringen. Dazu muss man in sich eine Mitte gefunden haben, von der aus man sich spielerisch, merkuriell zu den Polen hinbewegen kann, so wie das menschliche Herz mal stärker, mal schwächer schlägt, je nachdem, was gerade gefördert werden muss: der Kopf, die Sinne und das Denken oder der Bauch, die Verdauung, die Bewegung und die Tat.

Im Tarot sind die gegenüberliegenden Kräfte, Symbole und Archetypen, die hier nur dem Namen nach genannt sind: der Magier und die Welt, das All; die hohe Priesterin und der liebende Narr; die Herrscherin und das Gericht beziehungsweise auch die Auferstehung, so wie das Gericht ebenfalls genannt wird; der Herrscher und die Sonne; der hohe Priester und der Mond; die Liebenden und der Stern; der Wagenlenker und der Turm; die Gerechtigkeit und der Teufel; der Einsiedler und die Mäßigkeit; das Schicksalsrad und der Tod; die Kraft und die Prüfung. Im Einzelnen darauf eingehen kann ich hier leider nicht, da darf jeder Interessierte, wenn er denn möchte, selbst Erfahrungen und Erkenntnisse gewinnen. Nähere Angaben dazu sind in meinem Tarot-Buch enthalten.

Entscheidend ist hier ja das verbindende, das annehmende und ausgleichende Prinzip und damit das Neue, das in der Begegnung der Gegensätze entstehen kann. Dadurch entstehen neue Räume; der Mensch wird so zum Schöpfer, zum Weiterbilder des Vorgegeben, zum Erlöser des Natürlichen und Kreatürlichen, in dem er die Gegensätze annimmt und in der Spannung, im Ausgleichen, im Spielen damit, ein Neuland betritt. Zwischen Plus und Minus, zwischen Ja und Nein gilt es eine weitere, eine höhere Ebene zu finden, eine Synthese, die die Pole in sich vereint, auch die These und die Antithese, so wie dies schon Friedrich Hegel in seiner Dialektik beschrieben hat.

Nicht in der Verleugnung des Gegensatzes, auch nicht im Kompromiss oder in der Vermischung gegensätzlicher Standpunkte liegt das geistige Heil, sondern in der Erhöhung, in der Steigerung, so wie dies Goethe zum Beispiel in seiner Farbenlehre herausgearbeitet und beschrieben hat, mündet schließlich der hermetische Weg ein.

Der „alte" Schamane und Medizinmann verbindet beziehungsweise er überbrückt zwei Welten: die sogenannte Anderswelt und die irdische Welt. Aus der Anderswelt holt er Botschaften und Kräfte herein, mit denen die irdische Seite erkannt und geheilt werden kann. Dadurch kann das irdische Leben gekräftigt beziehungsweise auch besser geführt werden. Dazu braucht es aber einen Heiler, eben den Schamanen, der als eine Brücke dient.

Der Hermetiker erschafft eine neue Welt. Die menschlich- irdische Welt und die übersinnlich-geistige Welt sind die Pole, die es zu vereinen gilt, in dem eine höhere Ebene, eine Synthese geschaffen wird, in der beide Pole sein können beziehungsweise beide Pole gleich wichtig sind.

„Siehe, ich mache Himmel und Erde neu". Dieser Ausspruch des Christus verweist auf eine Vermählung und dadurch auch auf eine Zeugung, auf eine Neugeburt hin, so wie diese biblisch im Neuen Jerusalem, also in der neuen Erde prophetisch als ein Zukunftswerk beschrieben ist, in der Himmel und Erde in einer neuen Weise, als das Neue Jerusalem, als die neue Erde miteinander vereint sein werden.

Der Auferstehungsleib des Christus ist ja die erste neue Schöpfung dieser neuen Welt. Darin sind die leiblich-physischen Kräfte in gereinigter und verwandelter Form ebenso enthalten wie die kosmisch-geistigen Ur-Kräfte der himmlischen Welten. Deshalb ist dieser Auferstehungsleib der Prototyp, das Urbild und der Ur-Keim für eine neue Schöpfung, die wir mitgestalten können, in dem wir diesen alchemistischen Prozess in uns selbst anwenden lernen. Dazu müssen die entgegengesetzten Prinzipien erkannt und das Prinzip der Vereinigung angewandt werden. In der alchymistischen und spagyrischen Symbolik sind uns dafür Hilfen und Fingerzeige angegeben:

In den Farben Schwarz (die Finsternis, die Erde) und Weiß (der Geist, der Himmel) soll die Steigerung zum Rot, zum Purpur sich ereignen – zum roten Löwen oder Stein der Weisen.

Die erste Stufe ist dabei die Seperatio, die Scheidung, die Trennung in die drei Ur-Prinzipien (Sal, Sulphur, Mercurius), die erkannt werden müssen. Dies kann hier aber nur stichwortartig beschrieben werden. Im Praktischen gibt es immer auch noch einige Zwischenstufen wie die Nigredo, die Schwärzung, wo eine Trennung dadurch geschieht, dass das Ursprüngliche aufgelöst wird, zum Beispiel in der Spagyrik durch eine Gärung und Veraschung.

Die zweite Stufe ist die <u>Purificatio</u>, die Reinigung. Das Brauchbare wird herausgelöst, herausdestilliert, das Wesentliche vom Unwesentlichen geschieden, damit das Weiße (Albedo), das Reine und Klare entsteht. In der Spagyrik hat man deshalb zum Beispiel bei der Pflanze die einzelnen Bestandteile des Sulphurischen (die ätherische Öle), des Mercuriellen (die flüchtigen, gasigen Stoffe) und des Salinischen (die reinen Salze) herausgewonnen. Im Menschen wäre dies das reine Denken (das sinnlichkeitsfreie, lebendige Denken), das reine Fühlen (Mitgefühl, Empathie, Verstehen und Verzeihen) und der reine Wille (das von Egoismen und Begierden befreite Wollen).

Die dritte Stufe beschreibt die <u>Conjunctio</u>, die Vereinigung der drei Einzelkräfte zu einem neuen Ganzen in der Farbe Rot (Rubedo), dem roten Löwen.

Dies sind die drei grundlegenden Schritte, die jedoch von manchen Alchemisten noch weiter unterteilt und daher mit bis zu zwölf Stufen und Begriffen benannt wurden.

In ähnlicher Weise werden diese drei Stufen auch in einem christlichen Kultus angewandt, nämlich in der Verkündigung, also in der Offenbarung (im Rat, in der Wegweisung und im Ziel, das wir anzustreben gewillt sind), dann in der Opferung (wo alles Falsche, Kranke und Niedere einem Höheren hingegeben wird), daraus sich eine Wandlung ereignet, in der die Kräfte der Zukunft, des Himmels einwirken sollen, damit sich daraus eine Kommunion, eine Vereinigung mit den Himmelskräften ereignen kann.

Eine seelisch-geistige Transformation will sich vollziehen, wie allmählich auch eine Transsubtantiation, die bis ins Leibliche verwandelnd einwirken kann, darf sich ereignen, die im alltäglichen Leben natürlich verschiedene Formen, Auswüchse und Nuancen annehmen wird, individuell vielleicht ganz anders und verschieden. Doch die geistigen Prinzipien bleiben immer alle gleich, da sie universellen Ursprungs sind.

Vor der Gott-Einigung kommt die Erleuchtung, die geistige Erkenntnis und das Erleben innerer Welten, jedoch, vor der Erleuchtung muss sich eine Reinigung, eine Opferung und Wandlung vollziehen, damit sich Himmlisches im Irdischen zeigen und verkörpern kann. Dies ist in allen Kulturen und Zeiten gleich.

Der hermetische Weg wählt von Zeit zu Zeit verschiedene äußere Formen, entsprechend den Bedingungen und Entwicklungsgraden der Menschen in der Welt. Früher konnte noch vieles in Symbolen, Ritualen und Allegorien vermittelt werden. Heute will der Mensch durch die Ratio und die Vernunft geführt sein, um seine Freiheit nicht gefährdet zu sehen, da wir gerade auch im Spirituellen nur noch Wege beschreiten sollten, die für uns einsichtig und nachvollziehbar sind. Nur aus Erlebnishunger und einem exotischem Gefallen sich Wegen anzuschließen, die uns eigentlich fremd sind, ist nicht immer ungefährlich. So kann und sollte man auch die Traditionen und die spirituellen Wege anschauen, die in dem Gebiet, in dem man lebt, entstanden sind und die einem oftmals mehr geben können, als ferne oder alte Strömungen, wenn sie auch noch so bewundernswert erscheinen.

Gewiss, man kann überall etwas lernen, denn die Urprinzipien sind überall vorhanden. Doch die praktische Anwendbarkeit im heutigen Alltagsleben ist meistens da am besten gegeben, wo die kulturelle Identität und die äußere Lebenswirklichkeit zusammenpassen. Eine europäische Geistesschulung braucht keine Weltabgewandtheit, keine Askese, auch kein „Herab-Dämpfen" des Bewusstseins, keine Trance, um in andere Sphären zu gelangen.

Ein klares und reines Denken, ein mitfühlendes, empathisches und achtsames Seelenleben, ein folgsamer und disziplinierter Wille und ein Ich, das präsent und geistesgegenwärtig immer anwesend ist, sind die besten Voraussetzungen, mit denen wir in der irdischen Welt wie auch in den übersinnlichen Sphären gut zurechtkommen. Ein spirituelles Üben soll uns ja nicht wegbringen vom normalen Alltagsleben. Es soll uns stärker und bewusster machen für dieses, damit wir unsere irdische Aufgaben immer besser und gesünder bewerkstelligen können.

Wir wollen auf dem hermetischen Weg keine Welt negieren oder aufgeben, damit wir in der anderen umso „besser" leben können, denn wir wollen diese polaren Welten verbinden, miteinander vermählen, damit daraus für beide Welten neue Räume, Kräfte, Impulse und Geschehnisse erwachsen können. Dies ist Sinn und Weg einer Hermetik, die im Geiste eines spirituellen Christentums für alle Geistsucher als eine Zukunftsaufgabe erwachsen kann.

Vom jüngsten Gericht

Vorstellungen von einem göttlichen Gericht, einem Weltgericht oder ähnlichem finden sich in vielen Kulturen, unter anderem schon im Zoroastrismus, also im alten Persien. Auch im alten Ägypten erscheint den verstorbenen Seelen ein Totengericht. Im Judentum erfolgt ein Weltgericht noch bevor der Messias, der Heilsbringer erscheint und selbst der Islam kommt ohne ein göttliches Gericht nicht aus.

Zudem finden sich in der Bibel an manchen Stellen recht drastische Worte, die von einer Trennung der Gottgläubigen von den Sündern spricht, wobei die einen erhöht, die anderen bestraft werden, bis hin zu einer ewigen Verdammnis. So war vor allem auch im Mittel-Alter ein strafendes Weltgericht und eine Endzeit-Vorstellung im Bewusstsein der damaligen Menschen vorhanden, was deren Lebensalltag mitunter sehr stark prägte. Schuld, Sühne und Buße waren daher oftmals die Triebfedern für das religiöse Leben. Man hatte Angst vor der ewigen Verdammnis, die den „Ungläubigen" drohte. Die Machtkirche profitierte davon recht stark, zum Beispiel durch gewisse Ablasszahlungen der Gläubigen.

Andererseits besteht im konventionellen Christentum noch immer der Glaube, dass durch Christi Martyrium schon eine Hilfe und eine Art Ablass für uns Menschen getätigt ist, dass also die Christus-Gläubigen nach ihrem Tod vom „Richter" direkt in den Himmel geschickt werden, die anderen in die Verdammnis oder in das Fegefeuer. Die zwei Mitgekreuzigten auf Golgatha liefern dafür das entsprechende Bild.

Spätestens am Ende der Zeiten steht jede Seele vor dem Welten-Richter, vor Christus. Dies ist eine gängige Auffassung der traditionellen Kirchen. Ob dies im Jenseits oder in der irdischen Welt geschieht, ist aber nicht entscheidend. Am Ende der Zeiten ein Gericht zu haben, das über unsere guten und bösen Taten und Eigenschaften entscheidet, verlangt jedoch eine gängige Zeitauffassung, die von der Vergangenheit in die Zukunft verläuft. Ein christlich-spirituelles Zeitverständnis kann hier aber zu einer anderen Betrachtungsweise hinführen.

Christus sagt: „Ich bin das Alpha und das Omega". Er ist somit der Anfang und das Ende, also ist er immerwährend da, nicht nur am Anfang und am Ende. So ist auch der „Richter" immer da. Darauf wies einst ein großer Geist und Mensch schon hin und zwar mit den Worten: Die Weltgeschichte ist das Weltgericht!

Die Welt, sie korrigiert, sie zeigt im äußeren Geschehen, in Kriegen und Katastrophen die innerseelischen Eigenschaften, Kräfte und Einstellungen, die ein Menschen-Kollektiv sich im Laufe der Zeiten aufgebaut hat. Das Karma, das Gesetz von Ursache und Wirkung ist nämlich das Gericht für das Kollektiv, wie auch für den Einzelnen. Dieses Karma-Gericht ist von göttlicher Seite aber nicht als eine Bestrafung für uns Menschen ausgedacht, sondern viel eher als eine Möglichkeit zum Erkennen der eigenen Fehler und Unvollkommenheiten. Denn der Mensch denkt ohne Not leider nicht so viel über sich selbst nach. Ohne „Gericht", ohne Korrektur würden wir uns allzuleicht in Einseitigkeiten und niederen Beweggründen verlieren.

Letztlich ist es unser eigenes höheres Wesen, das sich zum Beispiel im Gewissen ausspreche und dann auch eine Änderung in der Lebensweise herbeiführen will. Unser eigener göttlicher Teil ist somit unser Richter, nicht ein Gott von „oben", der uns richtet und bestraft. Der liebende Gott, Christus, straft nicht. Er führt uns durch sein Licht auf den rechten Weg, wenn wir dies denn zulassen wollen. Dieses Licht macht dabei alles sichtbar, auch die dunklen Seiten und Abgründe, die wir im Unterbewussten des Seelischen in uns tragen. Diese unverarbeitenden Abgründe und Unvollkommenheiten schrecken vor dem Licht natürlicherweise erst einmal zurück. Das kann dann schon einmal als ein innerer Kampf und damit als peinigend und strafend erlebt werden. Doch das Licht straft nicht, es erhellt und beleuchtet. Auch das Gewissen will uns letztlich zu einer Umkehr mahnen, damit wir zukünftig ein edleres und reineres Leben führen mögen.

Wer straft, anklagt und peinigt sind die Widersachermächte, die sich an unsere Untugenden anheften. Durch die eigenen Unvollkommenheiten haben sie Macht über uns. Wenn wir unsere seelischen Einseitigkeiten und Mängel nicht ändern wollen, liefern wir uns diesen dunklen Wesen aus. Sie nähren sich von unseren

Fehlern und unguten Taten. Sie verführen, saugen, verhärten und fesseln an niedere Begierden, sowie an Ideologien, an Nationalismen oder an religiöse Fundamentalismen und versperren so den Weg zum Humanen, zum rein Menschlichen und damit auch zum Göttlichen, zum Licht und zur Liebe, die in des Menschen Seele Einzug finden wollen.

Richten wir unser Seelenleben auf das Gute, Licht- und Liebevolle aus, so kommen wir dem Göttlichen näher, ohne dieses Göttliche genauer bestimmen, bezeugen und erkennen zu müssen oder sich einer bestimmten Religionszugehörigkeit verpflichtet zu fühlen. Dadurch kann es aber auch zu einem inneren Ringen, zu Kämpfen und zu Auseinandersetzungen zwischen den Licht- und den Finsternis-Kräften im eigenen Innern kommen. Wir Menschen entscheiden dabei letztlich aber immer selbst, wem wir in uns die Oberhand gewähren. Nur erkennen müssen wir zuvorderst, mit welchen Kräften und Geistern wir es zu tun haben. Dies ist ja auch nicht immer einfach.

Zu viele Antriebe, Wünsche und Begehrungen spielen oftmals mit herein, um noch das Gute vom Bösen, das Wesentliche vom Unwesentlichen, das Freimachende vom Fesselnden, das Klare vom Illusionären und Berauschenden und so weiter, unterscheiden zu können. Ein Kriterium gibt es jedoch, das uns hier eine Wegweisung anbieten kann. Entscheidend ist es nämlich, ob die Liebe, ob das liebevolle, spielerische und freudige Tun in unseren Gefühlen, Gedanken und Handlungen anwesend sein kann. Dann ist nämlich auch das Göttliche nicht weit.

Verbissenheit, Fanatismus, Dogmatismus, Negativität und Destruktivität, depressive, mürrische und miese Verstimmungen und Launen, Ängste, Neid, Hass, Gier, Maßlosigkeit, Taktlosigkeit, Unfreundlichkeit, Falschheit und so weiter, diese Eigenschaften und Seelenkräfte bringen uns vom Göttlichen und damit auch von unserem höheren Wesen weg und allmählich immer mehr zu den hin Finsternis-Kräften, die sich an unseren Fehlern und Schwächen mästen und ergötzen können.

Somit wird hier recht leicht ersichtlich, auf was es im Leben eigentlich ankommt. Da hat ja jeder seine Mängel und damit seine Aufgaben, denn immer ist auch unser „innerer Richter" mit anwesend. Jede Nacht muss sich die Seele, wenn sie den Leib verlässt, um sich in der geistigen Welt neue Impulse holen zu können, diesem Richter, diesem unserem höheren Ich stellen, woraus sie Impulse, Bedrückungen oder Aufmunterungen erhält, mit denen wir am Tage weiter arbeiten können. Dadurch erklärt sich auch, warum man an einem Morgen freudig, an einem anderen mit schweren Ahnungen und Missstimmungen aufwachen kann. Doch auch diesen nächtlichen Einflüssen gegenüber ist die Person, ist das Menschen-Ich frei, diese aufzugreifen oder auch nicht. Verschlampen oder verdrängen wir, so häuft sich mit der Zeit vieles an, was nicht aufgearbeitet wurde und das dann sehr groß und mächtig werden kann und wir irgendwann damit gar nicht mehr fertig werden. Dann folgen meistens Krankheiten, Unglücke und Katastrophen, die uns zum Innehalten, Nachdenken und „Aufräumen" zwingen. Das ist halt wie im „echten", im irdischen Leben, zum Beispiel beim Aufräumen und Putzen, wenn man zu lange alles liegen und vergammeln lässt, „versifft" oder verkommt das ganze Haus. So auch die Seele.

Somit stellt natürlich auch das Lebens-Ende eine Etappe dar, wo dann eine Gesamtansicht vollzogen, wo ein Resümee gezogen wird. Dies kann für viele Zeitgenossen sehr ernüchternd wirken, auch wenn sie im irdischen Leben erfolgreich, anerkannt und recht bestimmend gewirkt haben. Letztlich entscheiden nämlich unsere moralischen Qualitäten und Fähigkeiten über das Wohl und Wehe für ein zukünftiges Sein, nicht der Status, der Besitz, der Erfolg und die Anerkennung, die wir im Irdischen genossen haben. Denn damit haben wir ja schon einen Lohn im Irdischen erhalten.

Was brauchen wir, was bringen wir mit ins Jenseits, um auch dort einen Lohn, um auch dort eine Wertschätzung und ein Lob zu bekommen? Sind es nur unsere guten Taten und die gottergebenen Einstellungen, die im Jenseits etwas zählen?

Sicherlich spielt das eine Rolle, jedoch, nicht nur das eine, das jetzige Leben ist in der übersinnlichen Welt ausschlaggebend, um für das nächste Leben gut gerüstet zu sein. Manchmal werden ja viele Leben vertan, vor allem wenn man einseitig nur dem irdischen „Mainstream" hinterher läuft, ohne eigene, ohne wirklich individuelle Impulse setzen und neue Erkenntnisse gewinnen zu können, die über das Alltägliche, über das rein Irdische hinausgehen. Je länger man auf der „falschen" Seite lebt, um so mehr häuft sich eben an. Daraus können zahlreiche Einschränkungen hervorgehen, die sich manchmal sogar noch im jetzigen, zumeist aber erst in einem zukünftigen Leben zeigen werden. Dadurch kann das zukünftige Karma beziehungsweise dann auch das „Weltgericht" zu einem „Albtraum" werden. Irgendwann wird nämlich die Zeit reif sein, wo man sich nicht mehr aus der Verantwortung stehlen kann. Wir bekommen unsere offenen „Rechnungen" serviert, das ist gewiss.

Auch die Widersachermächte können uns Menschen nicht ewig vor dem „Gericht", vor der Strafe schützen. Selbst wenn durch schwarze Magie und ähnlichem versucht wird, sich vor der göttlichen Gerechtigkeit zu drücken, weil man sich dadurch in einer gewissen Weise vor dem Licht schützen kann, wird am Ende der Erden-Zeiten noch ein großer Kampf zwischen den Finsternis- und den Lichtmächten, der sogenannte Krieg aller gegen alle entstehen, weil das geistige Licht zukünftig immer mächtiger in die astralische und dann auch in die irdische Welt eindringen wird und sich die Finsternis dagegen wehrt, dagegen anrennt. Doch vor dem Licht vergeht die Finsternis, das ist nur eine Frage der Zeit.

Somit erhält das „jüngste Gericht" zum Ende aller Lebenswege auf der Erde eine besondere Bedeutung, denn irgendwann steht jede Seele einmal vor dem Cherub und dem großen Hüter, der eine Waagschale in den Händen hält und misst, was wir an Gutem und an Schlechtem geleistet haben. Was wird in das Buch des Lebens eingeschrieben und was muss noch gesühnt und gewandelt werden?

In die Himmel kommen wir nur, wenn wir selbst himmlisch werden. Darauf achtet der große Hüter an der Schwelle zur Himmelswelt. Diese Schwelle zu überschreiten, schaffen wir meistens nicht mehr allein. Der „Richter" für dieses Endgericht, der Christus, er straft und richtet aber nicht. Viel eher erkennen wir uns in ihm, denn er spiegelt unsere guten Anteile und zeigt beziehungsweise er reflektiert auch unseren schlechten Anteil, weil dieser sein göttliches Licht nicht ertragen kann. Dadurch können wir uns an ihm ausrichten. Das ist das Gericht, dass wir uns in Christus selbst erkennen!

Je mehr wir das Gute in uns sehen lernen, um so mehr sehen wir den Christus in uns. Wir wachsen dadurch allmählich in seine Auferstehung hinein. Das jüngste Gericht führt nämlich zu einer Auferstehung der Seele hin. Christus hilft der menschlichen Seele, so dass sie sich zu einer „Braut" mit einem weißen, mit einem reinen Gewande bereiten kann, um sich schließlich mit ihm vermählen zu können, so wie dies in der Offenbarung des Johannes am Ende angedeutet ist.

„Siehe, ich komme bald. Und ich werde der Herr des Schicksals sein, einem jeden werde ich den Schicksalsausgleich geben, der seinem Verhalten entspricht. Ich bin das Alpha und das Omega, der Erste und der Letzte, der Urbeginn und das Weltenziel. Selig sind, die ihre Gewänder reinigen. Sie werden teilhaben am Baume des Lebens und dürfen durch die Tore in die Stadt (in das Neue Jerusalem) eintreten. Draußen müssen bleiben die Ungeweihten und die sich der Magie bedienen, die unreine Seelenwege gehen, die den Tod um sich verbreiten, die den dämonischen Mächten dienen und all jene, die durch Gesinnung und Taten das wahre Sein verfälschen.

Und der Geist und die Braut sprechen: Komm! Und der diesen Ruf hört, der spreche auch: Komm! Und wen da dürstet, der möge kommen. Wer verlangen hat, soll das Wasser des Lebens frei empfangen." (Apoka. 22)

Die Seele wird von göttlichen Mächten mit einem Posaunenschall gerufen, damit diese sich vom Himmel befruchten, damit sie sich von den Auferstehungskräften durchtränken lassen kann. Gericht heißt hier also nicht Bestrafung, sondern Ausrichtung – hin zum Guten, zum Wahren und zum Schönen.

Selbst irdische Gerichte könnten sich hier ein Vorbild nehmen. Nicht nur Strafe, sondern Erkenntnis, Wandlungs-Bereitschaft und Neu-Ausrichtung kann und soll das Ziel sein, dem sich jeder, auf welcher Stufe er auch immer stehen mag, zuwenden kann. Die göttlich-geistige Welt ist an diesem Wende-Punkt auch immer bereit, uns zu helfen und zu fördern. Das sollten wir nicht vergessen. Wir dürfen dafür dankbar sein.

Eins mit Allem

Was viele Geist-Sucher und Mystiker letztendlich anstreben, das ist eine Erleuchtung erleben zu können und damit eine Unio Mystica, um schließlich eine mystische Vereinigung mit dem Göttlichen erlangen zu können. Vor allem im Buddhismus ist die Erleuchtung, das Eingehen in das Nirvana ein höchstes Ziel, wobei man gerechterweise sagen muss, es war dies in den Anfangszeiten so, da in späterer Zeit ein neues Ziel entstand, nämlich allen Wesen zu helfen, bis auch der „Letzte" den Weg aus dem Erden-Tal, aus dem Samsara, aus dem Schicksalsrad, aus dem beständigen Kreislauf des Werdens und Vergehens zu diesem hohen Ziel gefunden hat. Im Indischen wird dieser Erleuchtungs-Zustand als Samadhi bezeichnet, bei dem sich die Seele aus dem Leiblichen erhebt, um sich mit Shiva beziehungsweise mit der göttlichen Mutter vereinigen zu können, aus der sie ursprünglich entstammt.

Im Westen ist in unseren Tagen zum Beispiel ein Meister Eckhardt wieder recht populär, der so eine Erleuchtung erfahren hat und damit eine Glückseligkeit, bei der der Mensch unserer Tage aber nicht stehen bleiben sollte. Denn viele Mystiker streben oftmals eine Abkehr von der Welt an, um in die himmlischen Sphären eintreten zu dürfen beziehungsweise um dem Irdischen auch entfliehen zu können. Letztlich ist dies aber eine Einseitigkeit. Auch sind die Resultate, also das, was so mancher Mystiker für seine Mitwelt „mitbringt", recht bescheiden, da oftmals nicht in Worte gefasst werden kann, was die Seele in der „Erleuchtung" erlebt.

Meister Eckhardt war ja vor allem auch ein tätiger Mensch, der genau so viel Wert gelegt hat auf eine Vita Aktiva wie auf eine Vita Contemplativa. Das vergessen jedoch viele Mystiker. Selbst sein Schüler Heinrich Seuse meinte noch, durch Kasteiung und Askese, also durch eine Abkehr von allem Leiblichen, das Göttliche finden zu können. Meister Eckhardt lehrte jedoch eher eine Gelassenheit und eine Nicht-Anhaftung gegenüber dem Irdischen, nicht ein Negieren. Denn gerade das irdische Leben bietet reichhaltige Gelegenheiten, um darin auch im Seelischen wachsen zu können. Eine reine Verinnerlichung, ein einseitiges Streben und

Wollen zum Göttlichen hin, wird sein Ziel zumeist verfehlen. Zu leicht gerät man dadurch in abgehobene und erhabene Welten eines luziferischen Scheinlichtes hinein.

„Ora et labora" - bete und arbeite - und lerne („et discere") immer wieder dazu. Das führt schließlich voran.

Gott findet man vor allem dadurch, dass man einen inneren Raum erschafft, dass man sich darin leer macht und dass man allmählich ein Sein in sich gründet, das eben nicht an äußeren Werken hängt, an Status, Besitz und Erfolg. Nicht das, was man im Leben erreicht und sich angehäuft hat, trägt wirklich weiter, denn Gott ist ein Gott der Gegenwart, er schaut in das Herz und was da an Gutem lebt. Im Herzen ist er immer da, im Jetzt und im Hier. Darauf kommt es an, nicht was einmal war oder zukünftig vielleicht einmal sein wird.

Das „Gottes-Fünklein" ist in uns, die Gottes-Geburt will und kann sich deshalb im Menschen, in jedem Herzen ereignen – im Hier und im Heute. Das ist die wahre Mystik, auf die ein Meister Eckhardt hingewiesen hat. Er predigte die Wege zu Gott, die aber das irdische Leben, die alltäglichen Nöte und Aufgaben mit einschließen.

Die Mystik, die Herzens-Innigkeit, für sich allein praktiziert, ist daher noch nicht ausreichend. Es muss die Gnosis, die Erkenntnis, die Vernunft nach Eckhardt, hinzukommen, die durch eine Schulung des Denkens und des Wahrnehmens ausgebildet und vollzogen wird. Betrachten und beobachten wir die Welt, die Steine, Pflanzen, Tiere und Menschen, sowie das Wachsen und Welken in der Natur, wie auch die innerseelischen Stimmungen und Äußerungen unserer Mitwelt durch eine möglichst genaue und einfühlende Wahrnehmung, um hernach zu schauen, was diese Wahrnehmungen in der eigenen Seele, im eigenen Gemüt und Gefühlsleben bewirken, wie also eine innere Resonanz und Kommunikation mit der „Außen-Welt" entsteht, so bilden sich mit andauernder Übung bestimmte innere Organe, „innere Augen und Ohren" aus, die Eindrücke, Bilder, Töne, Linien, Farben, Gefühle, Gedanken und Intuitionen ermöglichen, die also etwas vom Innenleben, vom Seelisch-Geistigen der Welt übermitteln können. Man versteht dann die Welt, die Erscheinungen des Natürlichen, von

Innen her. Ein Gleichgewicht von Innen und Außen kann so allmählich so entstehen.

Letztlich sind es immer zwei Seelenkräfte, die zusammenkommen müssen, damit eine Erkenntnis entsteht. Die seelische Hingabe an ein Objekt, an ein Sein, sowie die Aufmerksamkeit, die achtsame, die genaue Wahrnehmung und dann das Finden eines passenden Begriffes, also einer denkerischen Einordnung des Wahrgenommenen, diese beiden seelischen Prozesse müssen für eine Erkenntnis zusammengebracht werden.

Biblisch ausgedrückt zeigt sich in diesen beiden Komponenten der Hirten- und der Königsweg. Die einfachen Hirten auf dem Felde geben sich der göttlichen Offenbarung, den Engelsworten hin. Die weisen Könige orientieren sich am Lauf der Sterne, an den Gegebenheiten und an den Gesetzen der Welt. Beide finden auf ihre eigene Weise zum Kind der Weihnacht.

In der Meditation kommt es darauf an, sich einem Inhalt hingeben zu können, ganz mit diesem eins zu werden. Doch dann ist es auch noch notwendig, sich dabei selbst beobachten zu können, sich wie von Außen zu betrachten. Wer bin ich, derjenige der sich hingibt oder der, der dieses Geschehen beobachtet? Bin ich der Beobachter oder der, der beobachtet wird? Im Weiteren gilt entsprechend, bin ich der Denker oder der, der den Denkenden beobachtet und noch weiter, bin ich derjenige, der will oder der, der den Wollenden beobachtet und so weiter. Oder ist dies nicht alles dasselbe, denn letztlich ist es das Bewusstsein, ist es die Aufmerksamkeit, mit der ich wahrnehme und beobachte.

Bin ich nun das Bewusstsein oder existiert dieses auch ohne meine Tätigkeit? Ist das Bewusstsein folglich an meine Tätigkeit, an mein Ich, an meine Aufmerksamkeit gebunden oder gibt es auch ein Bewusstsein ohne mein willentliches Tun und Agieren, wie zum Beispiel im Traumbewusstsein? Gibt es vielleicht auch ein Bewusstsein der Welt und des weiten Alls, das ich aber erst erfahren kann, wenn ich von meinem begrenzten Ich-Bewusstsein einen gewissen Abstand nehme?

Löst sich der Beobachter und das Beobachtete, hier als meditative Übung gedacht, in diesem großen „Welt-Bewusstsein" auf beziehungsweise es erweitert sich der Meditierende vom „Beobachter", vom agierenden und aufmerksamen Ich zu einem reinen Sein hin, das keine Grenzen hat, in dem nur noch ein reines Bewusstsein waltet, so geschieht ein Erwachen in die Natur des höheren Bewusstseins. Das Bewusstsein bleibt dann nicht mehr fixiert am Ich, an unserem Gehirndenken beziehungsweise im vorderen Stirnbereich, wo sich unser normales Erkennen ereignet. Das Bewusstsein wird in sich selbst, im reinen Sein leicht, wenn es sich vom Beobachter löst; es öffnet sich, es steigt auf, es erfährt quasi eine Himmelfahrt, es steigt über das Haupt, höher und weiter und öffnet sich in einen leeren, zeitlosen, reinen, ich- und grenzenlosen Raum hinein. Hier, in diesem „Raum" über dem Haupt, über den irdisch-leiblichen Gegebenheiten waltet ein Friede und eine Einheit, hier erfährt sich die Seele in ihrem Ursprung, im kosmischen Selbst. Die Seele weitet sich sozusagen in die Engel-Sphären hinein. Ein tiefes Glücksgefühl breitet sich dabei aus.

Für viele Geist-Sucher ist damit die Erfüllung erreicht, die Erleuchtung, das Nirvana oder wie man dies auch nennen mag. Dieser Zustand kann meditativ erfahren werden, aber manchmal auch schon im gewöhnlichen Leben, wenn zum Beispiel durch eine gewisse Erschöpfung ein Zustand der seelischen Erschlaffung und Entspannung eintritt, durch den sich das Ich-Bewusstsein verliert und die Seele sich daraufhin weitet und mit der ganzen Umgebung verschmilzt, so dass manchmal außerordentliche Wahrnehmungen und Glücksgefühle entstehen können. Oder man liegt entspannt und betrachtet die Wolken, lässt sich seelisch fallen, vergisst sich und seine Alltagssorgen und wird eins mit Wolken, Luft und Himmel, fühlt sich eins mit allem.

Das sind Erlebnisse, die man nicht mehr vergisst. Sie geben und schenken eine Ahnung von Sphären, aus denen wir entstammen, zu denen wir gehören und in denen wir mit allem noch verbunden sind. Ähnlich wie die Ungeborenen im Mutterleib eine Geborgenheit und Einheit verspüren, da sie noch nicht getrennt sind im und durch das Ich-Wesen, sondern noch ein „Leib", innerlich noch ganz verbunden sind mit dem Himmel, wie auch mit Mutter, Vater und der Welt.

Jedoch, ist es das Ziel des Menschenwesens, in der Engel-Sphäre, in der Einheit mit dem Ursprünglichen zu verbleiben? Welchen

Sinn hätte dann die Sonderung, der Fall in die Vereinzelung gehabt, wenn wir nur wieder in das Ursprüngliche zurückkehren sollten?

Eine Menschwerdung bedeutet mehr, als in die Sphären der Engel heimzukehren. Der Engel ist ja ein Geschöpf des Himmels. Der Mensch soll einmal selbst von einem Geschöpf zu einem Schöpferwesen sich wandeln können. Der Mensch ist daher noch lange nicht fertig: er ist eben ein Werdender. Es geht bei ihm vor allem um eine Vertiefung; in die seelischen und leiblich-stofflichen Tiefen soll er eindringen und diese allmählich verwandeln.

Die Berührung mit dem kosmischen, mit dem höheren Selbst, die Erleuchtung ist demzufolge nur eine Stufe, ein Zwischenschritt, bei dem wir nicht stehen bleiben sollen. Nach der Himmelfahrt folgt im christlichen Jahr das Pfingst-Ereignis. Ist die Seele aufgestiegen, hat sie sich mit der Reinheit und mit dem Frieden des kosmischen Seins, mit der zeitlosen Natur ihres eigenen Seins verbunden, so ist es wichtig, diese Qualitäten mit „herunter" zu nehmen, sie in sich aufzunehmen, vor allem, in dem dieses Sein, dieses Selbst im spirituellen Herzen einen Raum, eine Wohnung finden kann. Das Herz soll zu einer „Schale" werden, worin das kosmische Sein empfangen werden kann. Etwas Neues gilt es somit, in sich zur Geburt zu bringen.

Nicht nur jungfräulich soll die Seele werden, um sich mit der reinen Engel-Sphäre verbinden zu können. Die Seele soll vor allem auch zu einem „Weibe" heranreifen, damit sie dann gebären kann. Das kosmische Selbst will im Menschen geboren, individualisiert und dann auch eigen werden. Ein schöpferisches Ich, ein geistiges „Kind" will in der Seele geboren werden. Der Keim dazu ist im Menschen angelegt, er ruht in den Tiefen der Seele.

Geht der spirituelle Strom vom Kosmischen, vom hohen Selbst in das Herz und von da weiter hinab in die Tiefen des Leibes, ja sogar bis in die Erde hinein, so stößt er dort irgendwann auf einen göttlichen Keim, auf den sogenannten Gottes-Funken, der im Grunde der menschlichen Seele ruht und dort von diesem geistigen Herzens-Liebe-Strom erweckt werden will. Dies ist schließlich ein magischer Akt, so wie alle Magie ein Handeln ist, das mit geistigen Mittel und Kräften ein neues Sein erschaffen kann.

Ist der göttlich-geistige Strom durch das Einsenken, durch das Pfingst-Ereignis im Herzen des Menschen angekommen, so kann dieser sich in Liebe und Mitgefühl der Mit-Welt zuwenden. Das ist der Sinn der heiligen Magie: die Verwandlung der Welt mit göttlicher Kraft.

Doch dieser Weg, der dann weiter in die eigenen Tiefen führt, an Abgründen, Wunden, an Verlockungen und Anfeindungen, am „Drachen" vorbei, der erst überwunden werden muss, so wie im Jahreslauf auf Pfingsten und den sommerlichen Höhen der herbstliche Abstieg und damit die Auseinandersetzung mit den dunklen Kräften erfolgt, wo dann mit der Hilfe des Erzengels Michael, er ist der Hüter zu den himmlischen Reichen, die inneren Drachen in Schach gehalten werden können.

Eine Einweihung in die Reiche des Göttlichen kann sich daher nur in Stufen ereignen, vor allem, wenn sich dieser göttliche Herzens-Strom immer stärker mit der Welt, im Innen wie im Außen, verbindet. In den Tiefen der Seele warten die Abgründe und prüfenden Aufgaben, wie auch in den vielen negativen und kranken Erscheinungen in der Welt, in denen sich die Seele zuvorderst selbst erkennen kann und die sie mit den Kräften des Himmels allmählich wandeln und veredeln lernt.

Somit muss sich das kosmische, das höhere und damit auch das moralische Bewusstsein im erwachenden Menschen immer mehr und immer stärker mit den irdischen und den seelisch-leiblichen Gegebenheiten auseinandersetzen. Geistesgeschichtlich betrachtet, also innerhalb der Menschheits-Entwicklung, wurde so aus einem anfänglichen, traumhaft-kosmischen All-Bewusstsein immer mehr unser irdisches Gegenstands- und Wachbewusstsein. Ein Abstieg war damit verbunden, aber auch eine Individualisierung und damit verbunden: die heutigen Freiheitsmöglichkeiten. Welcher Mensch unserer Tage will auf diese Errungenschaften noch verzichten?

Jedoch ist damit auch die völlige Abkehr von dieser ursprünglichen Allverbundenheit, das Vergessen und Verlieren dieses All-Bewusstseins zumindest zeitweise, also innerhalb unseres heutigen Entwicklungsgeschehens verbunden. Dies ist nämlich der Preis unserer individuellen Freiheit. Dadurch können wir jedoch auch verelenden und den finsteren Göttern verfallen oder wir verbinden uns wieder mit unserem höheren, vertikalen und moralischen Bewusstsein, das ist nämlich in unsere Freiheit gestellt. Erst mit dieser Freiheit beginnt nun ein selbstständiger Weg, auf dem der irdische Mensch sich wieder mit dem kosmischen Menschen und zwar in sich selbst verbinden kann.

Aber nicht nur die Seele soll auf diesem Wege durchforstet, erkannt und geläutert werden. Das Lebensgefüge, die Gewohnheiten und charakterlichen Neigungen, sowie der Leib mit seinen genetischen und vererbten Einseitigkeiten, sie sind auf diesem Wege mit der Zeit ebenso zu wandeln und zu heilen. Der Weg des Menschen im Irdischen ist eben sehr weit, beschwerlich und lang. Einweihung heißt, wir bekommen eine Weihe, bei jeder Stufe, die wir neu errungen haben. Erst ganz am Ende geschieht die Gott-Einigung, die Vermählung mit dem makrokosmischen All.

Das göttliche Ich, der Gottesfunke, wird vom Menschen, der sich mit dem himmlischen Strom verbunden hat, einmal in sich selbst entdeckt: „Das Göttliche, Gott ist in mir". Dieser göttliche Funke im Menschen wird nämlich vom Himmelsstrom, der von „oben" in die Seele einstrahlt, so lange angezogen, bis er aus den Untergründen des Seelisch-Leiblichen aufsteigen und im Herzen mit dem Himmelsstrom, mit dem kosmischen Selbst des heiligen Geistes eine Vermählung eingehen kann.

Christus ist ja bis ins Erd-Innere eingezogen. Dort hat er seinen göttlichen Keim niedergelegt. Unser Leib ist Erde, ist aus Erden-Stoffen, ist aus Erden-Kräften aufgebaut. Im Leib ist daher auch der göttliche Funke niedergelegt, in des Leibes tiefsten Punkt, nicht physisch, sondern in der geistigen Matrix des Leibes. Wird der Leib immer stärker mit kosmischem Geist durchtränkt, so dass dieser immer tiefer einwirken kann, wird einmal aus dem göttlichen Funken eine geistige Flamme werden, damit mit dieser das Leibliche, der grobe Stoff sich allmählich wandeln und verfeinern kann - hin zu einem Lichtleib, hin zu einem vergöttlichten Leib, hin zum sogenannten Auferstehungsleib. Dieser ist das letztendliche Ziel einer christlichen Einweihung. In diesem Leib ist der Mensch erst wahrhaft mit allem verbunden, denn dieser enthält irdisch-feinstoffliche, lebendige, seelische, geistige und himmlische Kräfte. Dieser Auferstehungsleib, der von Christus im Jesus von Nazareth erstmalig im Mysterium von Golgatha errungen wurde, er durchtränkt geistig alles irdische Leben, die ganze Erde und den ganzen Himmel. Er ist die Grundlage für eine neue Schöpfung, an und in der wir zum Mitschöpfer hingereichen können. Wir schaffen mit an einer Welt, wenn wir in meditativer und spiritueller Arbeit an uns selbst und am Leben der Erde, an der Natur und an der ganzen Mit-Welt verwandelnd, veredelnd und heilend uns einbringen wollen.

So erst kommen Mystik, Gnosis und Magie zusammen. Ein Teil für sich allein bringt oftmals zunächst nur eine gewisse Einseitigkeit hervor. Erst der Zusammenklang dieser drei spirituellen Disziplinen zum Mysterium Magnum, zum großen Mysterium, erschafft schließlich das Heil.

Reinigung, Erleuchtung, Gott-Einigung – drei Stufen fassen den Weg der Mystik zusammen. Vorbereitung, Erleuchtungen, Einweihungen – mehrere Stufen sind es auf dem rosenkreuzerischen Weg, der die Erkenntnis, die Gnosis fördert, da wir durch die Erkenntnis immer auch unsere individuelle Freiheit bewahren können.

Nicht mein, sondern: „Dein Wille geschehe", das ist die Formel für den magischen Weg, der uns vor persönlichen Abirrungen schützt, da gerade die Magie es ist, die durch unreife und egoistische Maßnahmen sehr viel Unheil anrichten kann. Heilige Magie ist die Verwirklichung des Göttlichen im Menschen-Reich. Mit Magie schaffen wir eine dauerhafte Verbindung zum Wesen und zu den Wesen der irdischen und der geistigen Welt. Durch Magie können wir mit allem verbunden sein, im guten Sinne aber nur, wenn wir in der Mystik die Gott-Einheit suchen und in der Gnosis die Erkenntnis finden, wie, für wen und wodurch wir magisch wirken können, damit alles zum Heil, zum Guten hin gewendet werden kann.

Jedes Gebet, jeder Segensspruch, jede Meditation, jede kultisch-sakrale Handlung ist schließlich ein magischer Akt, in dem und durch den etwas veredelt, gewandelt und erlöst werden kann. Dies dürfen und sollten wir nicht vergessen. Darauf dürfen wir gründen. Dies wird uns wahrhaft zu guten Menschen reifen lassen.

Werde Mensch

Die Ungeborenheit zu erstreben und damit die Rückkehr in die geistige Welt, aus der die Seele ursprünglich entstammt, also noch bevor sie ins leiblich-irdische Dasein eingetreten war, ist nicht das Ziel eines christlich-hermetischen Weges. Sie ist zwar der Ausgangspunkt allen Werdens der Seele, doch ein Zurück in den alten Himmel, ins Paradies, ins Nirvana, in die Sternen-Sphären der ursprünglichen Heimat der Seele wäre ein Ausstieg aus der gottgewollten Schöpfung. Denn dann wäre die Frage berechtigt, warum die Seele den langen und schwierigen Erdenweg überhaupt antreten musste?

Im ursprünglichen kosmischen Sein war die Menschen-Seele noch eins mit ihrer Umgebung, ja sie war sogar selbst das Sternen-All. Aus dieser Weite, aus dieser Allverbundenheit fiel sie allmählich in eine Leiblichkeit, in eine Verdichtung und damit in eine Trennung vom kosmischen Sein hinein. Zumindest am Tage ist die Seele ganz mit dem Leib verbunden. Nachts, wenn wir schlafen, weitet sie sich ja wieder in die Sternen-Sphären hinaus.

Der menschliche Seelenweg als ein geistes-geschichtlicher Entwicklungsweg ging somit immer mehr in eine Vertiefung, in eine Verdichtung, in eine Verleiblichung hinein. So dienten in dieser Menschheitsgeschichte bestimmte Körperübungen, wie die im Yoga vor allem auch dazu, den Leib besser ergreifen, um also über den Atem und über bestimmte Körperstellungen die Lebens- und die Seelenenergien immer stärker mit dem Leib verbinden zu können.

In unserer Zeit und westlich-geprägten Kultur sind der physische Leib und der Ätherleib inzwischen ziemlich deckungsgleich. Dadurch ist die Seele sehr stark mit dem Leiblichen verbunden. Viele Menschen identifizieren sich daher fast ausschließlich mit ihrem leiblichen Sein. In früheren Zeiten war der Zusammenhang von Seele und Leib noch nicht so fest, viel lockerer. Dadurch war noch ein feineres Wahrnehmen des Umraumes, der Natur und der elementarischen Kräfte möglich. In diesen alten Zeiten überragte die Seele den Leib noch stärker, sogar bis in den Kosmos hinaus, weil eben der Ätherleib, er ist das Bindeglied zwischen Seele und Leib, noch nicht so fest mit dem Leiblichen verbunden war. Dadurch konnte sich die Seele noch mehr in ihrer ursprünglichen Heimat, in den Geistes- und Götterwelten, in den Astral- und Sternen-Sphären, also im kosmischen Sein zuhause fühlen. Bei manchen indigenen Völkern ist dies bis heute immer noch vorhanden.

In etwa zur Zeit des antiken Griechentums war aber die kulturelle Entwicklung so weit fortgeschritten, dass der Mensch, auch durch das Heranreifens des Gehirns, mit einem eigenständigen Denken begabt wurde. Damit war jedoch eine zunehmende Trennung von den kosmischen Einflüssen und deren Inspirationen verbunden. Der Mensch sollte von da an immer stärker selbstständig und in Eigenverantwortung seine Lebensgeschicke gestalten lernen.

Zukünftig wird sich der Ätherleib allmählich wieder aus dem physischen Leib heraus lockern, damit die Seele wieder freier werden kann. Dadurch können einseitige materialistische Tendenzen aufgebrochen werden, ein neuer spiritueller Zugang zur Welt des Geistes kann sich daraus ergeben. Diese Lockerung beginnt schon heute für immer mehr Menschen. Doch sie ist auch mit einer Gefahr verbunden, da der physische Leib der Seele eben auch einen gewissen Halt verleiht. Es besteht dann die Gefahr einer seelischen Spaltung, so dass das Denken, Fühlen und Wollen keine naturgegebene Einheit, dass sie also keinen natürlichen Zusammenhang mehr bilden, sondern sich quasi verselbstständigen können, wenn sie nicht vom menschlichen Ich erfasst, gerichtet und geordnet werden.

Das Ich ist somit verstärkt aufgerufen, in und mit eigener Kraft das Seelenleben zu gestalten. Nicht mehr was Obrigkeiten und Autoritäten uns vorschreiben ist dann mehr maßgebend, denn der einzelne Mensch, sein eigenes Ich beziehungsweise seine „Ich bin"-Qualität hat vermehrt die Verantwortung für sich und für das eigene Seelenleben zu ergreifen. Das Ich wird dabei selbst zu einem Vermittler zwischen dem eigenen Seelischen und den Welten des Geistes und damit zu den moralischen Sphären des Gewissens beziehungsweise zu den Engel-Hierarchien hin.

Dabei kommt es darauf an, dass sich die Seele aus der Kraft des „Ich bin", also aus einem freien Ich-Willen, dem lebendigen Geist hingeben lernt, dass sie zur Schale werden kann für den höheren Willen, somit für das Leben der göttlich-geistigen Welt. Der Eigenwille soll sich demzufolge einmal wandeln, hin zum: "Nicht ich, der Christus in mir". Dadurch wird erst die Möglichkeit geschaffen, dass der heilige Geist beziehungsweise das Geistselbst, das Manas-Bewusstsein in die Seele einziehen kann. Ein neues, ein höheres Bewusstsein entsteht, wenn sich die Seele im und aus dem Leiblichen so weit öffnen und herausheben kann, dass sie vom hohen Selbst, vom kosmischen Selbst und damit vom ursprünglichen Sternen-Sein befruchtet werden kann.

Erst danach wird auch der Ätherleib einem Reinigungsprozess unterzogen, vor allem, wenn einseitige Charakterzüge, Gewohnheiten, Temperamente und Neigungen so gewandelt werden, damit auch dieser vom Christus-Geist durchdrungen werden kann. Die gereinigte Lebenssphäre, das reine Leben im Menschen verbindet sich mit dem Christusleben und erschafft so ein noch höheres Bewusstsein und Leben, das sogenannte Buddhi-Prinzip, das vergeistigte Leben, den Lebens-Geist, der alles Lebendige durchziehen, gestalten und erhalten kann. Und noch später wird es dann zu einer Auferstehung, zu einer Vergöttlichung auch des physischen Leibes kommen können, denn die Kräfte des göttlichen Vaters verwandeln die physische Leiblichkeit zum Geistesmenschen, zum sogenannten Atman hin, da in diesem der Mensch erst ganz, heil und vollendet ist. Dieser Geistesmensch ist ja das letztendliche Ziel der Menschheitsentwicklung, der über viele zukünftige Inkarnationen und Zeitepochen errungen werden soll. Der vergöttlichte Mensch ist das Ziel der neuen Schöpfung, wobei die Hüllen, eben der Astralleib, der Ätherleib und der physische Leib, nicht weggelassen, abgeworfen, sondern verwandelt werden, hin zu einem höheren Sein, hin zu den Geist-Qualitäten des Geistselbst, des Lebensgeistes und des Geistesmenschen und deren Bewusstseinsmöglichkeiten der Imagination, der Inspiration und der Intuition, die Geistiges und Irdisches miteinander verbinden, transformieren und veredeln können.

Doch dies geschieht nicht von allein. Der Mensch muss aus und mit seinem Ich mitarbeiten, denn die neue Schöpfung baut auf den freien Willen des Menschen. Er soll in Freiheit die Verbindung herstellen zwischen dem hohen Selbst beziehungsweise dem heiligen Geist, der den Menschen zumeist noch überschwebt, der über seinem Haupte wacht und der göttlichen Kraft im Inneren des Menschen, dem sogenannten Gottes-Fünklein, das tief auf dem Grunde der Seele verborgen ist.

Das hohe Selbst impulsiert von „oben" mit den ursprünglichen Zielen und Idealen der geistigen Welt. Der göttliche Funke, der in der Seele ruht und da erweckt werden will, er liefert die Kraft, damit ein innerer Transformationsprozess in Gang kommen kann. Aus diesen „drei" Kräften und Qualitäten, nämlich dem hohen Selbst, dem persönlichen Ich-Kern und dem göttlichen, dem wahren Ich im Menschen, gebiert sich allmählich etwas ganz Neues im Menschen: ein schöpferisches Prinzip beziehungsweise das „Geisteskind", das im spirituellen Herzen des Menschen erscheinen will.

Der göttliche Funke erwacht im Menschenherzen, wenn das höhere, wenn das kosmische Bewusstsein diesen Gottesfunken in sich wahrnehmen lernt. Mit dem gewöhnlichen, mit dem sinnlichen Bewusstsein können wir das Göttliche nicht erkennen, obwohl es in uns ist. Erst das Manas-, das Geistselbst-Bewusstsein vermag dies. Dieses ist aber nicht mehr leiborientiert beziehungsweise gehirnorientiert, so wie unser heutiges Gegenstands-Bewusstsein. Es ist viel eher ein Umkreis-Bewusstsein, das heißt, es schaut viel mehr von Außen, so wie dies die Engel tun.

Der göttliche Funke erstrahlt sodann von Innen. Somit kommen in diesen beiden Qualitäten der Punkt und der Umkreis zusammen. Dies verweist in analoger Weise auf das Symbol der Sonne. Aus der Verbindung von Punkt und Umkreis, von Gottesfunke und hohem Selbst, ersteht eine Sonne im Herzen, die zugleich Mittelpunkt und Umkreis ist. Dies kann als meditative Übung immer wieder probiert und allmählich auch erlebt werden. Das Herz und der Kosmos, in beiden können wir gleichzeitig anwesend sein. Dadurch strahlt der Mensch sonnenhaft vom Herzen aus und vom Umkreis ein. Zwei Pole in einem – ausstrahlend und einstrahlend zugleich. Dadurch wird der neue Mensch irdisch und kosmisch zugleich, ansonsten ist er ja im Wachen zentriert und im Schlafen ausgeweitet.

Mit solchen Übungen können wir uns meditativ in ein neues Bewusstsein einüben. Wir sind das All, wir sind die Sterne, die Pflanzen, die Erde und wir sind der Geist in unserem Herzen, die geistige Sonne im Inneren. Damit sind wir erst ganz.

Doch diese meditative Übung im Leben anzuwenden, ist nicht so einfach. Denn da finden sich erst die wirklichen Hindernisse und Angriffe auf unser Menschsein und damit auch unsere Fehler und Unvollkommenheiten, unsere Einseitigkeiten und Spaltungen, unsere Zweifel, Ängste und Begehrungen, die uns hindern, den göttlichen Menschen in uns zu sehen und diesen zu fördern.

„Edel sei der Mensch, hilfreich und gut". So beginnt Goethe die ersten Zeilen in einem Gedicht mit dem Titel: Das Göttliche. Das heißt doch auch, das Gute, das menschlich Gute ist zugleich auch göttlicher Natur. Die Teufel dagegen, sie heften sich an unsere Fehler. Gott schaut jedoch nicht auf diese; er sieht, was in unserem Herzen ist, er schaut nicht auf das, was einmal war. Ist das Herz gut und rein, ist die Seele edel und fein und unser Wille vom Helfen und Fördern geprägt, so wachsen wir in das Göttliche hinein - langsam und stetig wachsend.

Das Böse brauchen wir, damit wir erkennen können, was das Gute wirklich ist, um sich nach diesem überhaupt ausrichten zu können. Das Böse ist extrem, das Gute gleicht aus, es bildet die Mitte beziehungsweise die Synthese und damit die Steigerung der extremen Pole. Leben und Tod – eine höheres Leben ersteht, wenn wir durch den Tod zum wahren, zum unvergänglichen Leben weiterschreiten. Und so kommen wir auch durch das Böse zu einem höheren Guten. Nicht nur ein Gutes, also eine Moral, die gelehrt und verordnet wird, sei es von den Religionen oder auch von Humanisten, bringt den Menschen zukünftig weiter. Der Einzelne muss eine innere, seine eigene Moral in sich, in seinem Gewissen finden, als moralische Fantasie, die in jedem Augenblick neu entscheiden kann, was gut und richtig für ihn ist. Dadurch erst wird der Mensch zu einem Freiheitswesen. Nichts Vorgefasstes, nichts Vorgedachtes soll uns mehr lenken, wenn dies vielleicht auch als ein gutgemeinter Rat bedenkenswert erscheint. Wir müssen letztlich jede Situation immer wieder neu ergründen und beurteilen lernen. Daraus entspringt ein schöpferisches Handeln, das von

Innen, das aus der inneren Sonne, das aus dem „guten" Herzen gespeist wird. Der Gottesfunke führt fortan. Er ist das Ebenbild Gottes im Menschen, in uns selbst, er ist unser wahres Ich.

Dieses göttliche Ich führt zukünftig immer stärker, vor allem, wenn wir uns darauf einlassen, ihm einen Raum schenken und darin diesen innersten Kern unseres Selbst, diesen Gott in uns gewahr werden. Lieben wir diesen „Kern", so erstrahlt das Licht, so erstarkt die Liebe und so erwacht das göttliche Leben in uns.

Licht – Liebe – Leben: Göttliches Licht, Christusliebe und ewiges Leben – das sind die Attribute und Kräfte, mit denen Gott uns beschenken will. Diese dürfen wir uns in der Meditation gerne aneignen. Sie führen uns auf dem Weg zu einem wahren, zu einem ganzen Menschen hin.

Der Mensch ist ein Werdender. Noch lange sind wir nicht am Ziel angelangt. Mit Gottes Hilfe und Kraft wird dieser lange Weg beleuchtet, so dass wir darauf wachsen und reifen können – hin zu einer neuen Hierarchie, hin zu einem Mensch-Sein, das Gott einmal ebenbürtig und gleich sein wird, weil das Ebenbild, das Göttliche der eigentliche Grund alles Menschlichen ist und immer sein wird. Nur erkennen, erfassen, erlieben und einleben müssen wir uns in dieses Sein schon selbst. Darin liegt schließlich unsere Zukunft.

Nicht nur in der Ungeborenheit, vor allem in der Unsterblichkeit, in der Auferstehung zu einem neuen Leben hin, das den Tod nicht scheut, das diesen sogar überwunden hat, ist des Menschen Bestimmung angelegt. Nicht in der Auflösung, nicht im Verschmelzen, nicht im Aufgehen im Meer des kosmischen Alls ist des Menschen Zukunft. Er soll zum Mitschöpfer heranwachsen, der den Kosmos und die Erde, der Geist und Leib miteinander verbinden, versöhnen, heilen und erlösen kann.

Der Mensch ist eben ein Werdender, niemals fertig, fest und starr: Ich bin, weil ich werde, weil ich ein Werdender bin. Wenn ich bemerke, wie ich mich ständig innerlich verändere und erweitere und diese Veränderungen mit meinen innersten Impulsen übereinstimmen, so fühle ich mich lebendig und auf einem guten Weg. Schließlich bin ich auch der, der ich einmal sein werde, weil das Urbild des Menschen geistig und als Keim auch schon in mir ist.

Denn dieser Zukunftsmensch ist eben auch schon heute als ein Urbild in uns. Christus hat es in uns, in die Menschheit hineingelegt, hineinmodelliert. Erfassen wir das Menschheitliche, das weit über jegliches Persönliche hinausragen kann, so nähern wir uns seinem Geist.

Im Geist des Menschlichen, im Menschheitlichen, im Humanistischen, das der Menschheit innewohnt, ist Christus anwesend, da finden wir das Urbild, die Zukunft des Menschen, zu dem wir hinstreben dürfen. Da vereinigen sich Mensch und Menschheit, das einzelne Ich, der werdende Mensch mit seinem Ziel, mit der kosmischen Allverbundenheit, mit Gott, der die Einheit in aller Vielfalt, der die alles tragende und verbindende Kraft im Einzelnen und in der Gesamtheit alles Lebens ist.

Dies zu erkennen ist eine Bewusstseinsfrage. Denn mit jeder Erweiterung unseres Bewusstseins kommen wir der Erkenntnis des Göttlichen in uns und in der Welt immer etwas näher. Wir müssen also nicht mehr denken, so wie wir heute sind, mit unserem bekannten Gegenstands- und Sinnesbewusstsein, so muss dies für alle Zukunft immer auch so bleiben.

Ein Bewusstsein, das sich des Öfteren von „Außen" selbst beobachtet und über sich selbst reflektiert, ist der erste Schritt zu einer Veränderung, zu einer Erweiterung, wenn wir denn willens sind an uns zu arbeiten, damit wir langsam aber sicher zu diesem inneren Menschen, zu diesem Urbild des Menschen, zu Christus hinwachsen können. Er wird uns dadurch auch entgegenkommen können.

Doch nicht heute und nicht morgen wird dieser Prozess so schnell zu Ende sein. Die Christusliebe ist langmütig, sie kann warten bis auch der letzte Mensch erkennt:

„Ich bin, weil ich werde, weil ich ein Werdender bin. Und ich bin, weil ich einmal der sein werde, der ich vom Urbeginne werden soll, weil das Urbild des Menschen geistig und als Keim schon in mir ist".

Das ist es, auf was es im tiefsten Sinne einer echten und wahren Menschwerdung ankommt.

Gesundheitsfragen und christliche Hermetik

Wer ein ganzheitlich wirkender Mensch werden will, muss sich auch um seine Gesundheit kümmern. Jedoch, Krankheiten gehören zum Leben auf der Erde einfach mit dazu. Wir sollten sie deshalb annehmen, begleiten und ausheilen lernen. Ein „Abschaffen", zum Beispiel durch ein Wegimpfen oder durch eine reine Symptombehandlung führt nur dazu, dass sie sich verlagern und an anderer Stelle und in späterer Zeit um so stärker auftreten werden. Zudem wird durch mancherlei chemische Medikamente, wie auch durch elektromagnetische Strahlung bewirkt, dass das Leibliche verhärtet und sklerotiesiert, so dass die Seele den physischen Leib nicht mehr so leicht durchdringen und dieser dann von anderen, zumeist von ahrimaniserten Kräften und Wesenheiten besetzt werden kann. Dadurch nehmen in heutiger Zeit vor allem auch die sklerotisierenden Prozesse im Menschen zu, die dann zu den vielfältigsten Krankheitserscheinungen, zum Beispiel zu einer Demenz, zu einem schwachen Immunsystem oder zu rheumatischen Erkrankungen hinführen können.

Im Endeffekt dienen Krankheiten vor allem dazu, dass sich der Mensch darüber von falschen Lebensweisen befreien soll und dann oftmals auch kann. Eine Krankheit ist ja schließlich auch ein Naturprozess, der eben zum Menschen dazu gehört, da wir an Krankheiten nicht nur körperlich gesunden, sondern vor allem auch seelisch-geistig wachsen und reifen können. Jedoch, sie sind nur ein Mittel, denn sie haben einen Zweck für das Schicksal des Menschen, um schließlich eine Gesundheit beziehungsweise dann auch eine Heilung erreichen zu können. Und dies auf leiblicher, seelischer und geistiger Ebene.

Faktoren und Ursachen für ein leibliches Kranksein gibt es mannigfach: Bakterien, Viren, Pilze, Parasiten, Umweltgifte, chemische Stoffe wie Schwermetalle, sowie elektromagnetische und andere Strahlungen, also alle Schadstoffe und Energien, die von Außen in den Menschen eindringen können, wenn die natürlichen Schutzmechanismen wie das Immunsystem, die Haut und die Schleimhäute überwunden worden sind.

Seelische „Krankmacher" wie Stress, Streit, Abschätzigkeit, Kritiksucht und ständiges Maßregeln, wie auch eine maßlose Völlerei und Wolllust, also auch die Gier, der Neid, die Eifersucht und die vielen Ängste haben bestimmte Folgen, die mit der Zeit die Seele verengen und verhärten, jedoch auch dem Körper so zusetzen können, dass dieser sich nur noch über eine Krankheit schützen kann. So soll und darf im Seelischen auch immer nach einer Reinheit und Selbstlosigkeit gestrebt werden, um sich von gewissen Einseitigkeiten und Extremen befreien zu können. Eine Reinheit im Denken, Fühlen und Wollen ist daher die beste Medizin für die negativen Auswüchse im eigenen Seelischen. Das Positive, Reine und Klare darf schon, bevor überhaupt eine Krankheit ausbricht, in der Seele den unguten Begehrungen und Bedrängnissen entgegen gestellt werden, damit es erst gar nicht zu einer Krankheit kommen muss.

Die Natur, zum Beispiel die Pflanzenwelt, sie ist rein. Sich damit verbinden, diese ins Bewusstsein nehmen, wirkt gesundend, denn eine seelische Reinheit und eine geistige Klarheit machen erst wirklich gesund. Das Unreine, Verschmutzte, Unnatürliche und Abartige macht dagegen krank, vor allem auch im Seelischen durch ein negatives Denken und Fühlen, wie auch durch einen egoistischen und perversen Willen, der Andere demütigen, der ihnen Schmerz und Schaden zufügen will. Karmisch gesehen kommt ein solches Verhalten irgendwann wieder auf den Verursacher zurück. Man erfährt dann irgendwelche Schäden, Unglücksfälle, Schmerzen, Krankheiten und Leiden, ohne dass man dies unbedingt mit dem eigenen, mit dem vergangenem Verhalten in Zusammenhang bringen will oder kann.

Daher ist es für die Gesundheit am Förderlichsten, wenn wir ein reines und naturnahes Leben führen, ohne Fanatismus, ohne Ideologien und ohne einseitige Extreme, die sowieso nur einengen. Dafür ist ein Leben im Hier und Jetzt, in der achtsamen Bewusstheit und Beschaulichkeit für sich und seine Umgebung ratsam, denn was wir da vorfinden, hat immer auch mit uns zu tun. Daraus können wir lernen, wie natürlich auch aus den Fehlern der Vergangenheit, ohne dass wir uns darin verlieren oder daran festhängen müssen, denn aus der Zukunft kommen uns immer auch noch vielfältige Impulse, Wünsche und Sehnsüchte entgegen, die uns ein Ziel und eine neue Richtung geben können. Aber nur in der Gegenwart sind wir frei zu handeln, so wie wir dies für uns als richtig und wichtig empfinden und erkennen.

Letztendlich geht es darum, in einem Zeitfluss zu leben, der den Strom aus der Vergangenheit mit dem Strom aus der Zukunft in der Gegenwart verbinden kann. Die Vergangenheit bestimmt das Heute, die Zukunft schenkt eine Motivation und einen Willen, mit dem wir im Jetzt gestalten können. Ein Ich-Einschlag, eine wache Präsenz, eine Inspiration, ein geistiger Impuls, eine Idee oder ein Ideal erfährt man beziehungsweise dies geschieht im Augenblick, im Jetzt und im Hier. Diesem Geist des Augenblicks dürfen wir uns öffnen, ihn einlassen. In ihm kann sich das Ewige ausdrücken und einleben, das, was über die Zeit und den Raum hinausragt, das was über den persönlichen Erkenntnissen, Wünschen und Neigungen lebt. Von da kommen uns Einsichten, für die Zukunft, für die Gesundheit und für die Heilung.

Die Ursache aller Krankheiten ist letztendlich im Getrenntsein von unserem spirituellen Wesen, von unserem Ewigkeitswesen zu finden, das wir im Kern nun einmal sind. Wären wir immer im Einklang mit unserem Wesenskern, so wären unsere Handlungen gut, rein und gesund. Jedoch, im irdischen Alltag können wir nur immer wieder versuchen, mit dieser inneren Einheit zusammen zu finden. Ein immerwährendes Drinnensein in diesem hohen Selbst muss eben auch erlernt und oftmals mühevoll erarbeitet werden.

Licht, Liebe, Leben – das sind die Kräfte des Geistes, die immer da sind, wenn wir dafür wach, offen und bereit sind, sie zu empfangen. Darin finden sich die Kräfte des Ewigen, das, was nicht vergeht und das, was nicht geboren wird. Diesen Kräften dürfen wir uns zuwenden, aber heute nicht mehr durch eine Ekstase oder eine Entrückung. Eher ist eine Nüchternheit, eine Entase und eine Hingabe, eine Devotion angesagt.

Das Ewige soll in den Zeiten-Strom hereinleuchten können, der lebendige Geist will schließlich einmal in der Seele einwohnen. Bei der Ekstase geschieht eher eine Entrückung der Seele ins „Geistige", zumeist ins Astralische hinein. Zieht der lebendige Geist in das Seelische ein, ins Denken als Geist-Gott, ins Fühlen, in einem Mitgefühl und in der Liebe als Sohnes-Gott und in den Willen als die Kraft des Vater-Gottes, so ersteht mit der Zeit ein neuer Mensch in uns – ein Weiser, ein Heiler und ein Magier, der immer mehr mit dem Willen der göttlichen Welt zusammenklingt und damit mit der gesamten Schöpfung, also auch mit den Elementen und den Kräften und Wesen in der Natur.

Doch es stimmt nicht ganz, wenn man meint, der göttliche Geist wäre nur außerhalb von uns und wir müssten ihn nur noch hereinlassen. Denn der göttliche Funke, das göttliche Ich ist auch schon in uns vorhanden. Im spirituellen Herzen können wir dieses wahre, dieses göttliche Ich entdecken. Unser physisches Herz ist links, da hat es eher eine sentimentale Komponente, weil die linke Seite im Menschen mehr dem Weiblichen entspricht. Das geistige Herz bildet sich in der Mitte, zwischen Links und Rechts heran. Es verweist hier auf die innere Sonne, die es da zu entdecken gilt. Darin wirkt der Gottesfunke, der von innen her belebt und heilt. Im innersten Kern des Herzens-Lotus ist er zu finden. Im achtblättrigen Lotus, der unter dem Herz-Chakra liegt und mit diesem verbunden ist, wartet der Gottesfunke, das Gottes-Ich, das „Gottes-Atom" auf eine Erweckung

Das göttlich-geistige Licht von oben, es will und kann sich in uns hineinsenken, bis in den Körper, bis tief in die Zellen hinein, um da vor allem die wunden und kränklichen Stellen mit göttlicher Kraft zu beleuchten. Auch seelische Probleme und Fragen dürfen diesem Gottes-Geist, diesem inneren Licht übergeben werden. Ein Zwiegespräch der Seele darf sich mit dem heilenden Geist ereignen. Je mehr Geist, je mehr Göttliches, je mehr Licht in den Menschen einziehen kann, um so mehr wird dieser wahrhaft Mensch. Denn dadurch erwächst in ihm ein geistiges, das heißt, ein moralisches Sein. Und dieses bringt wiederum vermehrt den Gottesfunken zum entflammen.

Das höhere Ich im Menschen, das sogenannte Geistselbst beziehungsweise das Manas in indischer Terminologie, es ist geistiger Natur. In ihm ist die Wahrheit gegenwärtig. Diese Wahrheit des heiligen Geistes dürfen wir allmählich auch in uns erleben.

Christus bringt und schenkt uns die göttliche Liebe, wenn wir unser Herz und unsere Liebe für ihn öffnen können. Dadurch erwächst mit der Zeit der Lebensgeist, das Buddhi-Prinzip in uns. Die göttliche Liebe zieht in uns ein.

Der Vater, Brahman in indischer Terminologie, das wahre Selbst, das wahre Gottes-Ich, will auch in uns verwirklicht sein. Gott in allem Sein erleben, heißt dann auch, den Geistesmenschen, das Atman in sich zu verwirklichen.

Natürlich sind das sehr weite und ferne Aussichten, die die Menschheit zukünftig noch vor sich hat. Doch irgendwo müssen wir beginnen.

Der lebendige Geist heilt, die Natur gesundet. So sollen und dürfen wir auch aus dem großen Garten der Natur schöpfen. Jedoch, ein maßvoller Gebrauch der natürlichen Schöpfungskräfte ist hierbei anzuraten, weil wir ansonsten sehr leicht in eine Einseitigkeit geraten und wieder nur nehmen wollen. Daher sollten wir der Natur auch immer etwas zurückgeben und sei es nur eine ehrliche Dankbarkeit und ein liebevolles Interesse für die vielfältigsten Geschöpfe und Kreaturen, die darin ihr Zuhause haben.

Zur Natur gehört aber auch der eigene Körper, er ist Natur. Auf ihn dürfen wir ganz besonders achten und lauschen lernen. Welche Bedürfnisse hat er, welche hat die Natur um uns herum und die Erde als Ganzes?

Schließlich darf ein Zusammenklang entstehen zwischen Natur, Körper und Geist. Der Mensch soll dafür ein Mittler sein. Wenn der Mensch seinen Geist in die Natur bringt und damit den Geist und das Leben der Natur erkennt und lieben lernt, wird die Natur beziehungsweise werden die Naturwesen darin befreit.

Die Schöpferkraft hat die Vielfalt der Erscheinungen geschaffen, auch den Menschen. Dahinein hat sich sein Geist verwirklicht. In der Schöpfung hat sich Gott, wie ein Künstler, ein großes Werk erschaffen. Nun will dieser „große Geist" auch in seine Geschöpfe eintreten und diese bewohnen. Das „Eine", das allschaffende und gestaltende Prinzip will sich in die Vielheit, in die Vielfalt hineinsenken und sich dort erleben und erkennen, vor allem und gerade auch im Menschen, über den sich das Göttliche in seiner Schöpfung erst selbst bewusst werden kann. Folglich kann das menschliche Selbstbewusstsein und das Gottesbewusstsein im Menschen miteinander verbunden werden.

Was ist der Mensch? Ist er Körper, ist er Seele, ist er Bewusstsein oder hat er nur ein Bewusstsein, eine Seele und einen Körper?

Wenn der Mensch mit seinem Ich sich im Bewusstsein seiner Seele spiegelt, erschafft er damit ein Selbstbewusstsein. Im großen und weiten Gottes-Bewusstsein kann sich das „kleine" Selbstbewusstsein natürlich auch verlieren, wenn die Seele ins Göttliche, in ein kosmisches All-Bewusstsein aufzusteigen vermag. Denn der Kosmos ist so weit und groß, dass sich ein menschliches Bewusstsein von sich selbst, also das normale Ich-Bewusstsein darin sich sehr leicht verlieren und auch auflösen kann. Diese Tatsache beschreibt und beherzigt der alte mystische Weg, wo eben alles ichhaft Zentrierte, wo alles Selbstbewusstsein, wo alles Persönliche aufgelöst werden soll, um in ein großes All-Bewusstsein einmünden zu können.

Dagegen schreitet das eigene Selbst, das menschliche Ich in den zeitgemäßen westlichen okkulten Wegen, im rosenkreuzerischen, im alchemistischen, im hermetischen oder auch im anthroposophischen Schulungsweg, Stufe um Stufe durch physische, ätherische, astralische, geistige bis zuletzt in göttliche Welten und Seinsformen hinein. Das Ich wird darin mitgenommen, das Selbstbewusstsein erweitert sich dabei allmählich zu einem All- oder kosmischen Bewusstsein, wobei sich das höhere Bewusstsein in das menschliche Bewusstsein hineinsenkt, es durchdringt und mit der Zeit die innere Führung übernimmt, vor allem, wenn das Ich frei, offen und empfangsbereit wird für das hohe Selbst, wenn es also zum Träger für dieses Selbst wird. „Das Selbst ist in mir" - das Manas-Bewusstsein ist in mir – über dem Haupte verweilte es, von dort zieht es ein. Im Herzen will es Wohnung nehmen und sich dort mit dem Göttlichen, mit dem wahren Ich vereinen.

„Das göttliche Selbst, das wahre Ich ist in mir – ich bin dies Selbst".

Im Herzen ersteht eine innere Sonne. Eine neuer Schöpfungsakt, eine geistige Wiedergeburt kann sich ereignen, wenn sich das kosmisch-geistige Selbst im menschlichen Ich mit dem Gottesfunken, mit dem wahren, mit dem göttlichen Ich, mit dem „Christus in mir" vereinen kann. Das ist die Wiedergeburt im Geiste aus Feuer und Geist, so wie diese in den Evangelien verkündet wird. Das göttliche Ich ist wie ein Feuer, das hohe Selbst ist Geist. Diese wollen im Menschen, in seinem Sonnen-Ich, in seinem „Ich bin" zusammenkommen, sich darin vereinigen. Mit anderen Worten ist es die göttliche Liebe, das Feuer der Christusliebe und die kosmische Weisheit, der Geist der Sophia, die sich im Menschen vermählen wollen. Damit wird der Mensch von innen her neu.

Dies geht natürlich über eine übliche Gesundheit von Körper und Seele weit hinaus. Die Seele wird auf diesem Wege vergeistigt, zum Manas, der menschliche Geist, das menschliche Ich wird vergöttlicht, zum Buddhi und der Leib, er wird durch die göttliche Kraft verlebendigt, so dass er von den Todeskräften befreit, zum Atman, zum vergeistigten Menschen aufsteigen kann, in diesem der Leib, die Seele und der Geist vergöttlicht sind. Dies ist der zukünftige, der neue Mensch, der sogenannte Geistesmensch. Von diesem aus wird alles Leibliche und damit auch die ganze Natur verwandelt und miterlöst. Dies ist der Prozess der Auferstehung, so wie er sich zukünftig im Irdischen immer mehr ereignen will. Diesem dürfen wir entgegen schreiten. Er gesundet Mensch und Welt.

Mit diesen inneren göttlich-geistigen Kräften können wir die Welt erlösen – bis in die Naturkräfte hinein. Daraus kann auch ein neuer „Schamanismus" erstehen. Indigene Schamanen sind noch mit den Erd- und Himmelskräften verbunden und können diese in seelische und leibliche Gebrechen ordnend und heilend einbringen. Dazu musste sich der Schamane meistens aus dem normalen Bewusstsein herausbefördern, in Trance gehen. Er wurde zum Medium für Natur- und Geistwesen, die durch ihn wirken konnten. Ein neuer Schamanismus wird sich vor allem darin zeigen, dass wir nicht nur von den Kräften der Natur nehmen, sondern der Natur, auch der Natur im Menschen, etwas zukommen lassen, das wir selbst aus den Kräften des Himmels beziehen. Dadurch schaffen wir mit an einer neuen Zukunft. Es geht schließlich darum, kosmisch-göttlichen Geist bis in die Materie, bis in die Leiber zu bringen, damit diese veredelt, befreit und erlöst werden können. Dies gleicht letztlich einem alchymistischen Prozess, eine Transformation des Irdischen soll geschehen. Aus dem Groben ins Feine, aus dem Niederen ins Hohe, aus dem

Menschlichen ins Göttliche – und wieder zurück. Dies ist vor allem eine meditative und eine religiöse Arbeit, so wie diese im „Ora et labora", im bete und arbeite, schon angelegt ist und durch ein „et discere" - und lerne - erweitert werden kann.

Wir dürfen mit dem göttlichen Geist im Irdischen zusammen wirken, bis in den Alltag, ja sogar bis ins Untersinnliche, ins Unterbewusste und Abgründige hinein. Denn dies ist ja eine zukünftige Aufgabe der Menschheit, zumindest der Menschen, die willentlich den Weg ins Irdische angetreten haben, also der nach dem biblischen Kain benannten Kainiten, die die Erde annehmen, bearbeiten und damit verwandeln wollen. Ob dies zum Guten oder zum Schlechten hin geschieht, entscheidet unsere moralische Einstellung. Reine und selbstlose Taten wirken gesundend; selbstsüchtige und schmutzige Taten wirken zerstörend, das ist ja nur eine Frage der Zeit.

Welchen Weg wir beschreiten wollen, den der Kainiten, den Machern und Gestaltern einer menschlichen Welt oder den der Abeliten, den Erhaltern und Pflegern eines natürlichen und religiösen Seins, liegt in unserer freien Entscheidung. Sich immer wieder auf das Gute, Wahre und Schöne zu besinnen, das ist der Weg, den jeder, egal wo er steht, ob als Abelit oder als Kainit, immer wieder neu beschreiten kann. Im Guten, Wahren und Schönen leuchtet uns eine Welt entgegen, die uns helfend, erleuchtend und heilend beiseite stehen will und kann.

Gott in mir

Gott ist das lebendige, das nährende und erhaltende, aber auch das erweiternde, das schöpferisch gestaltende Prinzip in uns Menschen und in der Welt. Diese beiden, oftmals entgegengesetzten Prinzipien dürfen uns somit auch bewusster werden, damit wir sie immer besser erkennen können.

Was nährt, schützt und erhält uns denn im irdischen Leben? Es ist die Lebenskraft in allem, es sind die kosmischen beziehungsweise die göttlichen Vater- und Mutterkräfte, die das Leben bewirken.

Und was bewegt, treibt und schafft in uns? Es ist das kosmisch-göttliche Werdeprinzip, der schaffende Gott, der Logos, das göttliche Wort: Christus, der Sohnes-Aspekt.

Und was ist, wartet, beobachtet, schaut und erkennt in uns? Wer schaut den inneren Trieben und dem seelischen Drängen zu, wer bringt diese zum Bewusstsein und erkennt dies alles? Es ist der heilige Geist in uns. Er ist bei uns allen zunächst im Hintergrund anwesend, er ist da und beobachtet nur. Daher können wir selber zum Beobachter von uns selbst werden, da die Fähigkeit des Beobachtens einen kosmischen Archetypus, also ein Urbild haben muss. Denn wir können immer auch noch fragen: Wer beobachtet den Beobachter?

Ich beobachte mich selbst, ich kann mich aber auch anschauen lassen, ich kann mich angeschaut fühlen. Mit diesem „Beobachter" unserer selbst, der uns fortwährend zuschauen und betrachten kann, dürfen wir in Kontakt treten, in dem wir zu ihm aufschauen, innerlich und sich von ihm anschauen lassen.

Aus den Upanishaden, einer alten vedischen Schrift, erhalten wir dazu einige Wegweisungen, die ich im Folgenden zitieren will. Die Upanishaden fassen in großartiger Weise die alten indischen Geisteshaltungen zusammen, die uns auch heute noch eine reichhaltige Vertiefung und Erbauung schenken können.

„Wer das aus sich selbst leuchtende Wesen, das Herr ist über Vergangenheit, Gegenwart und Zukunft, mit dem geistigen Auge wahrnimmt, der ist furchtlos und erweckt nicht Furcht im anderen".

Das geistige Auge ist das Auge des inneren, des göttlichen Beobachters. Das Göttliche in uns schaut das Ewige, schaut den Herrn, schaut Brahman, nicht allein der irdische Mensch. Gott durchdringt letztlich alles menschliche Sein.

„Brahman ist das Leben allen Lebens, das Auge aller Augen, das Ohr der Ohren, der Gedanke alles Gedachten. Wer dies erkannt hat, wahrlich der hat die Ursache aller Ursachen erkannt.

Im reinen Herzen offenbart sich Brahman, das ewig ungeteilte Eine. Brahman ist der erhabene Ungeborene, der im Herzens-Lotos weilt, umgeben von den Sinnen. Er ist des Verstandes Verstehen. Gute Werke mehren ihn nicht, böse mindern ihn nicht. Er kann als die Erkenntnis selbst begriffen werden, die Erkenntnis, die eins mit der Wirklichkeit und untrennbar von dieser ist.

Brahman erkennen heißt, ein Seher werden. Wer das Selbst kennt, bleibt unbetrübt von Gut und Böse. Wer das Selbst kennt, ist Herrscher über sich. Wer das Selbst kennt, wird Selbst".

Dies sind Zitate und Gedanken aus dem Brihadaranayaka der Upanishaden. Doch um dieses Selbst in sich finden zu können, wurden in früherer Zeit viele Kasteiungen, Opfer und asketische Lebensweisen vorgenommen. Die Anhaftung an die Welt musste aufgehoben werden, so dachte man in vielen spirituellen Kreisen.

Mit, in und durch Christus ist dieses Selbst durch unsere menschliche Zuwendung und Bemühung für eine geistgemäße Lebensgestaltung aber auch im eigenen Ich zu finden, nicht nur in der Abkehr von der Welt.

Die Upanishaden entstanden 1200 – 1500 v. Chr. Auch heute noch ist es angebracht, eine Ehrfurcht vor der Weisheit und Größe dieser Aussagen und Inhalte zu empfinden. Denn sie offenbaren und zeigen eine Menschwerdung im Geiste an. Das göttliche Selbst, Brahman war damals viel eher im Geiste, im Erkennen zu finden. Christus ist jedoch historisch in einem menschlichen Leib erschienen. Damit war das göttliche Selbst im ganzen Menschen, nicht nur in seinem Geist angekommen.

„Wer mich gesehen hat, hat den Vater (Brahman) gesehen", so spricht Christus im Evangelium. Darin zeigt sich die vollständige Inkarnation Gottes im Menschen. Jedoch sagt Christus auch: „Der Vater ist größer als ich". Dies besagt, dass das göttliche Selbst, dass Brahman größer ist als die irdische Offenbarung und Erscheinung des Göttlichen.

Geistesgeschichtlich betrachtet lässt sich somit sagen, dass der Ostmensch, der in der vedischen Tradition aufgewachsen ist, noch einen stärkeren Bezug zum Gotteswesen in sich hat, also zu seiner göttlich-geistigen und ewigen Natur, als der heutige Westmensch. In unserer Zeit, in der beginnenden Wassermannzeit, ist es jedoch wieder notwendig, sogar notwendend, das innerste Wesen des eigenen Seins zu erkennen. Nicht nur die Geschöpfe beziehungsweise die Schöpfung zu erforschen und zu erkennen ist unsere Aufgabe, sondern auch das Schöpferische, den Schöpfer, Brahman oder dann auch das „Übergöttliche", wie zum Beispiel das nicht begreifbare Nirvana.

Die „alten Inder" nennen das Sein der Wahrheit und der ewigen Wirklichkeit: Sat – Chit – Ananda beziehungsweise das göttliche Sein, das göttliche Licht und die göttliche Liebe oder in anderen Worten: die Wahrheit, die Liebe und die Glückseligkeit. Das ist Brahman – das Leben, das Licht und die Liebe Gottes.

Die erste „Gestalt" Brahmans ist im Sanskrit Vac, das Wort. Die Sprache ist schöpferischer Geist, wenn die Idee und das Wort eine Einheit bilden. Im Atem, im Atman, im gesprochenen Wort kann dieser göttliche Anteil am „Brahman" auch in uns als Gotteslicht und als Weisheit offenbar werden. Der ewige Mensch, der schöpferische Geist in uns ist auch im Wort, wenn wir dieses geistvoll gebrauchen. Dieser Geist ist eins mit dem Vater, mit Gott, mit Brahman, mit dem göttlichen Selbst. Das Göttliche möge uns daher immer stärker durchdringen, auf dass die menschlichen Hüllen von seinem Geist befruchtet und gewandelt werden, damit daraus dereinst eine neue Schöpfung erwachsen kann. Eine zukünftige Schöpfung, die mit dem Schöpfer, mit dem Selbst, mit Brahman in vollkommener Harmonie vereint und verbunden ist, ist das hohe und letztendliche Ziel der Weltgeschichte.

„Gott in mir" beziehungsweise „Gott in uns", das ist das Ziel der Schöpfung selbst. Gott will in seine Schöpfung einziehen, um sich darin seiner selbst bewusst werden zu können. Im Menschen und durch diesen soll dies eine Wirklichkeit werden, so wie dies Christus vorgelebt hat.

Dies zusammenfassend und vertiefend zitiere ich noch einige Stellen aus den Upanishaden, hier aus dem Mundaka-Teil:

„Zwei gefiederten Vögeln gleich, wohnen auf Zweigen vom gleichen Baume, unzertrennliche Gefährten: das irdische Ich und das unsterbliche Selbst. Das Ich kostet des Baumes süße und bittere Früchte. Das Selbst, still und betrachtend, lässt beide unberührt. Das irdische Ich, verwirrt durch Selbstsucht und im Eigenwahn vergessend, dass es eines ist mit dem Göttlichen, wird traurig und bekümmert. Doch wenn den göttlichen, den anbetungswürdigen Herrn es als sein Selbst erkennt, hat das Leid ein Ende.

Der Seher, der den Strahlenden, den Herrn und Schöpfer, den Erhabenen schaut, zerbricht die Fessel von Gut und Böse und frei von allem Makel wird er eins mit Gott.

Das Leben, durch das die Geschöpfe leben, ist der Herr. Der Weise, der ihn gegenwärtig sieht in allem, ist demütig, denn alles, was er ist, ist er durch ihn. Sein Glück und seine Wonne ist im Selbst. Er dient dem Herrn in allem. Dies strahlende Selbst wird im Herzens-Lotos geschaut.

Durch strenge, unentwegte Wahrhaftigkeit und Andacht werden die Seher frei von Sünde und schauen das Selbst in innerer Vision. Wahrhaftigkeit ist gleichsam der Schlüssel zu der Pforte der Glückseligkeit. Wahrheit allein erlangt das Ziel. Wahrlich, wem sich die Tore öffnen, der betritt der ewigen Wohnstatt.

Jedoch, nur wen sich das Selbst erwählt, von dem wird es begriffen. Ihm wird sein wahres Wesen sich enthüllen. Dem Starken, dem Nachsinnenden, dem in göttlicher Betrachtung Wohlgeübten, offenbart es sich. In die Betrachtung seines Wesens tief versenkt, werden sie eins mit ihm, dem Selbst in allem. Wer Brahman kennt, wird Brahman" (Mundaka-Upanishad).

Jedoch, der christlich-hermetische Weg endet nicht in der Auflösung des irdischen Ich beziehungsweise in der Einswerdung und geistigen Verschmelzung im und mit dem Selbst, in Brahman, in Gott. Viel eher soll alles Irdische vom Selbst vergöttlicht werden. Ich und Selbst werden eins, in dem das Ich zum Träger für das hohe Selbst gereichen kann. Dies bedingt folglich einen Ich-Weg, also einen Individuations-Prozess, der den ganzen Menschen annehmen und verwandeln will. Da gilt es vor allem auch die

Schatten, sowie die männlich-weiblichen Anteile und die seelischen Einseitigkeiten und Mängel anzunehmen und auszugleichen, so wie dies vor allem Carl Gustav Jung für unsere Zeit herausgearbeitet hat. In einer westlichen Spiritualität, die in einem christlichen Geist urständet, zeigen sich Stufen einer spirituellen Ausrichtung, die in dem nachfolgenden Rosenkreuzerspruch zusammengefasst sind:

Ex deo nascimur – aus Gott sind wir geboren – ich bewundere den Vater in allem.

In Christo morimor – in Christus sterben wir – in der Liebe zum Sohn in und für die Welt.

Et spiritus sanctus reviviscicum – und werden wiedergeboren im Heiligen Geist, der in uns eingezogen ist.

So spricht der christlich-rosenkreuzerische Weg diese Gottesverbindung aus. In der Nachfolge Christi muss vieles überwunden werden, an was sich die Seele, das niedere Ich, in irdischer Begierde angeheftet hat. Christus spricht dabei von der Verleugnung alles Niederen, um ein Höheres finden zu können. Jedoch geht es dabei nicht um eine Abkehr oder Vermeidung des allzu Irdischen, sondern viel eher um ein Hineinsterben, ein auf den Grund gehen, bis hinein „zum letzten Rest". Am Grund, am tiefsten Punkt des Leidens und des Schmerzes, der aus der Anhaftung an das nur Stofflich-Irdische irgendwann entsteht, werden wir erst eines neuen Einschlags, einer Wendung bewusst. Das haben viele therapeutische Versuche und Praktiken immer wieder gezeigt. An dem Punkt, wo es keinen Ausweg mehr gibt, wo wir endlich zu kapitulieren beginnen, wo nichts mehr im gewohnten Stil weitergehen kann, wo das Alte sterben muss, da erst kann etwas Neues in Erscheinung treten. Tod heißt Wandlung, heißt Transformation, heißt aber nicht das Ende. Denn danach folgt ein Neu-Anfang, eine Neu-Geburt von Innen her.

Der Tod im Irdischen bedeutet eine Geburt im Jenseitigen. Den mystischen Tod beziehungsweise eine alchimistische Wandlung herbeizuführen, ist Aufgabe eines spirituellen Weges weltweit. Wir sterben dabei immer mehr und in vielen unterschiedlichen Etappen in eine neue Welt hinein. Der Tod, er schenkt uns neues Leben.

Der Osten hat die Erinnerung an den geistigen, an den ewigen Menschen noch viel stärker bewahrt. Im Westen soll sich das menschliche Ich, wie überhaupt alles Menschliche erkraften, damit wir selbstständig und frei den Weg zum hohen Selbst finden können. Der West-Mensch soll seine Seele so bereiten, dass das göttliche Selbst darin einziehen kann. Die Seele öffnet sich für den Heiligen Geist, wenn sie sich einem alchimistischen Wandlungs- und Individuationsprozess unterzieht, der immer wieder durch gewisse Todesprozesse hindurchgehen muss. Dadurch erst kann sich eine Wiedergeburt ereignen. Das Ich findet in sich das Welten-Ich, den „Christus in mir". Und das Leben des Vaters, Brahman, will im Leibesgeschehen als Atman, als Geistesmensch offenbar werden, wenn der Leib, der Atem, das Blut, die Zellen, also der ganze Mensch vom göttlichen Leben durchpulst werden kann.

Lang ist der Weg – keine Eile, kein Drängen und Begehren soll uns leiten. Allein die Liebe zum Göttlichen vermag es, diese Wege sicher und frei beschreiten zu können. Die Liebe Christi zum Vater kann uns auch hier ein Vorbild sein. Ihm dürfen wir nachfolgen – er wird uns führen und beistehen.

So lässt sich geistesgeschichtlich eine spirituelle Bewegung erkennen, die im Osten ihren Anfang nahm und allmählich gegen Westen zog, um dort im Laufe der Zeit immer mehr in eine Vergessenheit beziehungsweise in eine Abschwächung zu geraten. Durch die Christus-Taten in Palästina wurde der alte, der vatergöttliche, der brahmanische Strom erneuert. Ein neuer Geist durchzieht von da an die Welt. Zukünftig wird dieser Impuls wieder nach dem Osten wandern, um dort neue Kulturen impulsieren zu können.

„Komm heiliger Geist – Christus in mir – Ich und der Vater sind eins". Mit diesen mantrischen Worten kommen wir diesem Ziel allmählich näher – geschehe was da wolle. Damit sind wir auf dem rechten Weg, der uns neue, innere Impulse schenkt – ja, bis hinein in das persönliche, in das biographische Leben. Dieser Weg ersteht und erfolgt in der Hingabe, in der Andacht, in seelischer Reinigung und vor allem in der Liebe zum göttlichen Selbst, das in uns allen gefunden, erfahren und erkannt werden will.

Dazu noch ein Vers aus dem Chandogaya-Upanishad. Er verweist auf den Ort im Menschen, wo dieser dem Göttlichen begegnen, wo er die "Stimme der Stille" hören, wo er ins Samadhi, in die Gnade Gottes eintreten kann:

„Weit wie das Weltall draußen ist das Weltall innen, im Herzens-Lotos. In ihm sind Himmel und Erde, Sonne und Mond, Blitz und Sterne. Was im Makrokosmos ist, das ist auch im Mikrokosmos. Siehe, alles ist unser, wenn wir uns tief in unser Inneres versenken, bis zum Lotos des Herzens. Der Weise, der dies erkannt und sich dem Selbst geweiht hat, betritt täglich diesen heiligen Tempel. Erleuchtung heißt, das eigene Selbst im ganzen Weltall zu finden. Allgegenwärtig ist das Selbst. Wer Weltliches mit dem Göttlichen, mit dem Leben in der Andacht verbindet, wer beides ehrt, den Körper und den Geist, der überwindet durch den Leib den Tod und findet durch den Geist die Unsterblichkeit.

Oh leuchtende Sonne, du Lebensquell aller Kreaturen, lass deine liebliche, göttlich-geistige Gestalt durch deine Gnade in mir erblühen. Das Wesen, das dir innewohnt, dies Wesen, das bin auch ich".

Im Herzens-Lotos ist die leuchtende Sonne auch in uns vorhanden. Doch wie kommen wir da hinein?

Das Herz kann bildlich mit einer Zwiebel verglichen werden. Viele „Schalen" gibt es da, die beseitigt werden müssen, bis man endlich ins innere Zentrum hineingelangen kann. Diese seelischen Hüllen müssen abgearbeitet werden, alles Negative und Niedere muss veredelt werden, so lange, bis das innere Licht allmählich zu leuchten un zu scheinen beginnen kann.

Die Liebe und das Licht Gottes vermag es dabei, alles Dunkle zu erhellen und zu wandeln. Die Liebe ist gnädig und hilfsbereit, sie schaut auf das, was ist, nicht auf das, was einmal war. Ist unser Herz klar und rein, so zieht die Gottesliebe ein. In dieser Liebe ist keine Trennung mehr zwischen Mensch und Gott, denn die göttliche Liebe ist unteilbar, ganz. Sie trägt und erhält alles. Jede Zelle, jeder Stern und jede Kreatur wird von ihr gespeist.

Mit dieser Liebe im Bewusstsein und im Gedenken an den großen Liebenden, an Christus, können wir diesen inneren Herzensweg weiter beschreiten.

Du musst dein Herz durchstoßen
- in, mit und durch Liebe

Ins Innerste des Herzens, da hinein zu kommen, ist ja gar nicht so leicht. Wie Zwiebelschalen liegen bestimmte Hüllen um das Zentrum des geistigen Herzens. In diesen Hüllen sind unsere Wunden, Enttäuschungen, Traumatas und Schutzmechanismen, aber auch der sogenannte astrale Lügengürtel mit unseren illusionären Wünschen und Emotionen ist darin zu finden. Zudem sind die vielen seelischen Unreinheiten aus Neid-, Gier- und Hass-Gefühlen, wie auch unsere Minderwertigkeitsgefühle oder Überheblichkeiten, die Selbstkritik und das Selbstmitleid, also sind alle Abartigkeiten des niederen Mensch-Seins in diesen Schalen abgelegt. Sie verdunkeln die reinen Herzens-Liebe-Kräfte, so dass wir an diese nicht mehr so leicht herankommen.

Ein Weg dahinein ist uns trotz alledem gegeben, vor allem, wenn wir mit dem Geist von „oben", wenn wir mit dem höheren Ich versuchen, in das Herz hinein zu leuchten, um allmählich diese Herzkraft im Innern wecken zu können. Wir dürfen das Licht des Himmels in unser Herz hineinleuchten lassen. Dabei prallt es anfangs zumeist an den Hüllen und Schalen ab. Jedoch, es beleuchtet dabei natürlich auch die Dunkelheiten, die sich darin zeigen müssen.

Das Licht von oben, die Liebe von innen – dadurch werden die Schalen, die Gürtel und manchmal auch gewisse Ketten erkannt und allmählich umgeschmolzen oder gar gesprengt. Eine innere Alchimie kann sich ereignen, wenn wir nicht nachlassen und das Licht und die Liebe immer wieder neu erbitten und stärken lernen, auch wenn die Dunkelheiten alles immer wieder verhüllen wollen und oftmals auch noch können. Der Sieg des Lichtes und der Liebe ist jedoch nur eine Frage der Zeit. Irgendwann bricht das Licht, bricht die innere Sonne durch – und wieder ist eine Schale gesprengt, es wird heller in unserer Seele. So lange bis die nächste Schale, bis das nächste Problem auftaucht, uns behindert, attackiert, verleumdet, ablehnt und negiert. Nach und nach kommt man so aber immer tiefer in das Herz hinein.

Im Grunde des Herzens schlummert das wahre Ich. Es wird erfüllt und getragen vom Leben des göttlichen Vaters. In der indischen Chakren-Lehre wird eine kleine achtblättrige Lotos-Blume erwähnt, die unter dem Herz-Chakra verweilt und mit diesem verbunden ist. Die bekannten sieben Chakren vom Wurzel- bis zum Kronen-Chakra verlaufen innerhalb der Zeit, die dem Siebener-Rhythmus unterliegt. Die Zahl 8 deutet hin auf die Ewigkeit, eine Ebene ohne Zeit und Raum, die durch Samadhi, durch die tiefste Versenkung gefunden werden kann.

Eine Gott-Einigung kann sich ereignen, wenn alles Niedere, wenn alle Hüllen auf dem inneren Altar geopfert werden, der hier in diesem achtblättrigen Lotos unter dem Herzen gefunden werden kann. Hier ist die Stätte der geistigen Anbetung. Von hier kommt man ins Innerste des Herzens, wo die Sonnen- und die Sphären-Harmonien in der Stille des Herzens offenbar werden können – das innere Wort ertönt.

In, mit und durch Liebe werden die Hüllen des Herzens allmählich durchdrungen und verwandelt. Wie gesagt, ist das Zentrum des Herzens, ist unser wahres, göttliches Ich eingehüllt und verborgen hinter vielen Begrenzungen, Schalen und dem astralen Lügengürtel, der gerne vortäuscht, schon sehr weit gekommen zu sein, wie auch durch mancherlei Blockaden und seelischen Panzern, die durch frühere Traumatas, Wunden und Enttäuschungen geschaffen wurden, so dass wir heute nicht mehr so frei und so leicht lieben können.

Die Kinderliebe, die schmetterlingshaft die Welt berühren und erkunden will, wird ja allzu leicht durch Erziehung, durch die Umwelt und die eigenen Schicksalseinschläge zurückgewiesen und dadurch korrumpiert, so dass sie sich oftmals immer stärker zurückzieht und gewisse Schutzhüllen aufbaut. Doch ohne Liebe kann der Mensch nicht wirklich leben, zumindest nicht auf Dauer gesehen. Die Liebe ernährt uns alle. Viele Herzkrankheiten entspringen einem Mangel an Liebe und Freude. Liebe ist ja vor allem da, wo auch die Freude wirken kann.

So ist es eine Aufgabe des erwachsenen Menschen, die inneren Fesseln, die den freien Fluss der Liebe und der Freude beschränken, wieder aufzubrechen. Es müssen die Hüllen durchstoßen werden, um in das Innerste des Herzens hinein gelangen zu können, woraus die Liebe und die Freude entspringt. Wie bei einer Zwiebel müssen die Schalen beseitigt werden, damit man allmählich immer tiefer und irgendwann zum inneren Kern vordringen kann. Natürlich kann dies mit Schmerzen, mit großem Leid und mit vielen Tränen verbunden sein, so wie die Zwiebel dafür ein recht eindrückliches Bild liefert. Alte Wunden, Starrheiten und Illusionen müssen aber irgendwann einmal aufgebrochen werden, das brennt und tut mitunter auch richtig weh.

Nur die Liebe vermag es dabei, vergeben, verzeihen und damit erlösen und heilen zu können. Die Liebe heilt die Wunden. Es ist aber nicht mehr die schmetterlingshafte, die leichte und fröhliche Kinderliebe, sondern die wärmende und reifende Erwachsenenliebe, die sich daran entwickeln und stärken kann. Wie eine Rose will und kann sie erblühen, wenn sie auch die „Dornen" annehmen und ertragen gelernt hat.

Doch immer wieder steigen neue Hindernisse auf. Noch immer ist das Herz nicht frei, auch nach so vielen Mühen und Plagen nicht. Gibt es da überhaupt ein Ende oder ist dies alles wieder nur ein Schein?

Im alten indischen Yoga wird das Herz-Chakra dem Element Luft zugeordnet. Luft, auf griechisch Pneuma, steht da für den Geist. Eine geistige Kommunikation mit den Wesen der geistigen Welt kann sich darin ereignen.

Der östliche Yoga-Weg beginnt ja unten, im Wurzel-Chakra und steigt als Kundalini-Kraft, langsam der Wirbelsäule entlang, hoch bis hinauf zum Kronen-Chakra. Jedoch können mit der Kundalini gewaltige Kräfte verbunden sein, die ohne ein reines und abgeschiedenes Leben und ohne eine große Selbst-Disziplin und damit einer gewissen seelischen Selbst-Beherrschung sehr gefährlich werden können.

Daher ist dieser östliche Weg für den West-Menschen, der ja mit beiden Beinen fest in der irdischen Welt stehen soll, so nicht mehr anzuraten, da mit den unteren Chakren auch die niederen Triebe geweckt werden können. Und die Verführungen dazu sind in den modernen Großstädten vielfältig und beinahe übermächtig. Der West-Mensch soll deshalb mit dem Haupt, mit der Vernunft beginnen und von da an absteigen, allmählich auch in die niederen Abgründe hinein. Die Mitte bildet das Herz, wo sich oben und unten, wo sich „Shiva und Shakti" begegnen können. Eine neue „Kundalini", eine neue Lebenskraft bildet sich darin heran, eine Art Neugeburt will sich im Herzen durch die Vermählung von Shiva und Shakti beziehungsweise von Himmel und Erde ereignen.

Der indische Yogi findet im Herzen den Geist, das Pneuma, Brahman, den ewigen Menschen. In einem christlichen Verständnis ist das Herz dem Element Wasser zugeordnet, so wie ich dies in früheren Schriften beschrieben habe (zum Beispiel in: Auf dem Weg zum Gral). Das Wasser-Element ist weiblich, also mehr hingebend und fließend. Im Herzen soll der Mensch daher zur Schale, zur „Maria" werden, damit ein Gefäß geschaffen wird für den göttlichen Geist, damit der heilige Geist im Menschen eine Wohnstätte finden kann. Zum Kern des Herzens gelangen wir folglich durch Maria, durch die göttliche Mutter. Sie empfängt den Gottesgeist. Sie schenkt uns die Kräfte der Hingabe, des Vertrauens und der Liebe, mit denen wir die inneren Beschränkungen überwinden und heilen können, vor allem, wenn die menschliche Seele selbst marienhaft werden will und dann auch kann.

Der Weg von unten nach oben, von Shakti bis zu Shiva, also bis zum hohen Selbst, das über unserem Haupte weilt, wurde unter anderem von Gauthama Buddha errungen. Doch auch Buddha lehrt den Weg der Mitte, das heißt, den Ausgleich dieser beiden polaren Kräfte.

Zwischen dem Unten und dem Oben, zwischen Himmel und Erde soll nämlich eine Mitte gefunden werden. Der Weg von oben bis ganz nach unten ist durch Jesus Christus zu einer Vollendung gekommen. Der „Avatar" Christus zog in den Menschen Jesus ein und läuterte beziehungsweise verwandelte dessen Hüllen, also dessen Seelen-, Lebens- und physischen Leib. Daraus ist ja der sogenannte Auferstehungsleib entstanden.

Gewiss kann man auch heute noch versuchen, den östlichen Weg, den Buddha-Weg zu gehen und darauf versuchen, sich von allen Niederungen befreien zu können. Doch ohne göttliche Hilfen, ohne die Kraft eines Avatars, allein aus unserem menschlichen

Vermögen, ist dies nur sehr schwer zu erringen. Da braucht es zumindest einen Lehrer, Meister oder Guru, der den Schüler führen und anleiten, der also eine schützende und führende Hand auf ihn legen kann. Zudem müssen hier die vielen Anhaftungen und Verlockungen an das Irdische gemieden werden. Am besten geschieht dies in mönchischer Abkehr in einem Ashram oder ähnlichem oder man versucht, sich von allen seelischen Kräften, Emotionen, Launen, Wünschen und Gefühlen zu lösen. Alles Persönliche und Seelische wird dabei von manchen Lehrern dieses Weges oftmals zu einer Illusion erklärt, allein das Geistige soll dagegen maßgebend sein. Da dies in heutiger Zeit für den West-Menschen nur schwer zu erreichen ist beziehungsweise auch nicht mehr wirklich der richtige Weg ist, ist eine Verneinung des Persönlichen gar nicht so leicht möglich und auch nicht notwendig. Da wir an unserem Seelischen eben auch geistig wachsen können, wenn wir es annehmen und es allmählich zu etwas Besserem umwandeln lernen, ist ein Avatar, ist uns ein göttliches Wesen zu Hilfe gekommen. So wie diesen Sachverhalt Friedrich Hölderlin sehr treffend in einem Gedicht ausdrückte: „Ein Weiser mag mir manches erhellen, wo aber ein Gott auch noch erscheint, da ist doch andere Klarheit ...“

Als Beispiel hierfür seien die sieben Sakramente im christlichen Geistesleben erwähnt, die eine Hilfestellung geben, denn sie sind göttliche Gnadengaben an uns Menschen. Sie helfen uns, auch die niederen Seins-Gründe mit göttlichem Geist durchdringen zu können. Gott hilft!

Jedoch, auch dieser Weg der inneren Transformation ist im indischen Tantra schon angelegt. In der Advaita-Philosophie ist noch das alleinige Ziel die universelle Einheit, die Non-Dualität, das Nirvana, wobei das „Untere“, die duale Welt verlassen werden muss, um in das „Obere“, ins Erwachen, ins Samadhi, ins Geistesmeer gelangen zu können. Zumeist geschieht dies mittels der Kundalini, die von unten, vom Wurzel-Chakra nach oben, ins Kronen-Chakra steigt.

Die Samkya-Philosophie erkennt dagegen die Polaritäten des irdischen Lebens als Wachstums- und Entwicklungsmöglichkeiten an. Daraus bildet sich ein tantrischer Weg. Tantra heißt vernetzen.

Oben und unten sollen sich begegnen. Daraus kann sich ein ganz neues Element herausbilden, eine Freiheits-Sphäre, die sich in der Mitte, im Herzen ausbilden kann. Hier erst bin ich Mensch, hier bin ich frei, mich nach oben oder nach unten zu wenden. Hier kann ich ausgleichen und vermitteln. Hier kann ich selbst schöpferisch und spielerisch zwischen und mit den Kräften von oben und unten hantieren. Dadurch erst bin ich Mensch, ein Mensch, der sich in Freiheit mit dem Göttlichen verbinden und der das Irdische, auch die leiblichen Bedürfnisse so annimmt, dass er diese mit dem Göttlichen zusammenbringen und damit erhöhen kann. Darin zeigt sich ein zeitgemäßes Tantra. Auf diesem Weg kann in der Mitte etwas Neues geboren werden, vor allem, wenn das Untere für das Obere zu einer Schale, zu einem empfangenden Gefäß sich ausbilden kann.

Eine Geist-Geburt will sich im Herzen ereignen, von wo aus die Welt mit göttlich-menschlicher Kraft, in der Vereinigung und Vermählung von Gott und Mensch, mit neuem Licht, mit neuem Leben und mit neuer Liebe durchtränkt und durchdrungen werden kann.

Gebete und Bitten zur Mutter Gottes mögen und können dabei helfen, das Herz so zu reinigen, damit der Gottes-Geist darin immer stärker zu wirken beginnen kann. Im Übrigen ist es auch sehr interessant, wenn man zum Beispiel von Ramakrishna, einem indischen Heiligen, erfährt, dass er seine Erleuchtungen nur mit Hilfe der göttlichen Mutter erfahren konnte. So ist im sogenannten Kundalin-Yoga der spirituelle Lehrer und Meister zumeist ein Diener der göttlichen Mutter, die erst die Kundalini-Kraft in ordentlicher und geregelter Weise wecken und nach oben führen kann. Denn die Kundalini, die göttliche Shakti-Kraft des Lebens, sie untersteht im Irdisch-Leiblichen der göttlichen Mutter, die ja die manifestierende und die erhaltende Kraft im Verhältnis zur Schöpfer- und Zeugerkraft des kosmischen Alls, des göttlichen Vaters darstellt.

In indischer Entsprechung zur Schöpferkraft wird da von Shiva, einer geistig-männlichen Energie und Kraft gesprochen, die von „oben" erleuchten und den Menschen ins Geistige heimholen will. Shiva, als der indische Gott der Wandlung und der Zerstörung, will nämlich einen seelischen Raum freischaffen, in diesem dann die Shakti-Energie aufsteigen kann. Letztlich geht es hier aber um einen Shiva-Shakti-Tanz, der allmählich erlernt werden kann, der also die Kräfte von oben und unten verbinden und ausgleichen kann. Shiva ist dabei der indische Gott, der die Aufgabe hat, zu zerstören, denn damit bietet er erst die Möglichkeit für eine Erneuerung. Er entspricht in der christlichen Hermetik jedoch mehr dem Luzifer, als dem Vater-Göttlichen. Dieser ist Brahman. Doch Luzifer, als der Verführer, als die „böse Schlange", soll ja einmal der zukünftige Heilige Geist werden, der den Menschen von oben befruchten kann. Er ist also die andere Seite zur göttlichen Mutter, zur Shakti-Energie, die von unten, vom Irdischen her einwirken will. Das Wurzel- und das Kronen-Chakra, die Erde und der Himmel können in diesem sakralen „Tanz" vereinigt werden. Luzifer muss dazu seine Einwirkungen und seine Ausrichtung verändern. Er darf nicht mehr nur emporheben, er muss viel mehr einziehen, einwohnen wollen, dann kann er in der Verbindung mit der göttlichen Mutter zum zukünftigen Heiligen Geist sich wandeln. Die verbindende Kraft in der Mitte ist hierfür in Christus zu finden, denn Christus kann verzeihen und versöhnen, auch dem Luziferischen und damit auch dem Luzifer, dem Urverführer von uns Menschen.

Ein inneres Zwiegespräch mit der göttlichen Mutter kann diesen nicht leicht zu verstehenden Sachverhalt vielleicht etwas verdeutlichen:

„Setze, o wunderbare göttliche Mutter, an die Stelle meines unreinen Herzens Dein unbeflecktes Herz, damit der Heilige Geist in mir wirken und Dein göttlicher Sohn in mir wachsen kann. Erfülle meine Bitte, Du große, getreue und aller Gnaden Vermittlerin".

Die Mutter spricht: „Ich will meine Gnaden über eure Herzen ausgießen, damit ihr bereit werdet, das Wirken des Christus in euer Herz aufzunehmen".

Leider hat das Christentum die weiblich-göttliche Kraft oftmals vergessen, die uns wie eine Mutter aufnehmen und nähren kann. Wir können sie aber auch wieder gewinnen.

Der Volksmund spricht ja bekanntlich: Da wo dein Herz ist, da ist dein Schatz. So haben wir letztlich immer die freie Wahl. Das was wir uns von ganzem Herzen wünschen, wird dann irgendwann auch einmal in Erfüllung gehen. Diese Einstellung darf unseren spirituellen Weg bestimmen.

Der westlich-spirituelle Weg unterscheidet sich von vielen östlichen Schulen vor allem darin, dass eine verschiedenartige Einheit von Mensch und Gott angestrebt wird. Der Ost-Mensch der Advaita-Philosophie will sich im Göttlich-Geistigen beziehungsweise im Nirvana auflösen; er geht ganz ins Göttliche ein, er verschmilzt mit diesem. Der christliche Weg erkennt den Menschen, seine ganze Persönlichkeit voll an, auch die Schwächen und Mängel darin. Sie sind das Ausgangsmaterial, mit dem etwas Neues, eine neue Schöpfung kreiert werden kann und soll. „Siehe, ich mache Himmel und Erde neu".

Eine neue Schöpfung will erstehen. Das alte Paradies ist nicht die Zukunft, sondern das Neue Jerusalem, die neue Erde, die von den Schlacken und Begrenzungen befreite und die vom Göttlich-Geistigen erleuchtete Erde, die Stadt des Friedens, so wie Jerusalem übersetzt heißt.

Vom inneren, vom befreiten Menschen geht die neue Schöpfung aus, vom inneren Menschen, der im Herzen seinen Anfang nimmt. Hier im Herzen ist der Quell für alle neue Entwicklung, die nicht mehr nur aus der Vergangenheit vorbestimmt ist, denn hier kann in Freiheit, in Liebe und mit großer Freude etwas ganz Neues geschaffen werden: Durch, mit und im Menschen, wenn sich dieser mit dem Schöpfergott, mit dem schaffenden Welt-Prinzip, mit dem Christus-Logos vereinen lernt. Der Ort dafür ist eben das menschliche Herz. Dahinein können wir immer wieder vorstoßen, vorbei an egoistischen Wünschen und Illusionen, vorbei am astralen Lügengürtel, der uns vorgaukeln möchte, selbst schon ein Gott zu sein.

Maria hilft; ihre Demut, Bescheidenheit und Hingabe ist das Gegenbild zur menschlichen Hybris, zur einseitig luziferischen Verblendung und Verführung, die uns einreden will, schon immer selbst ein Gott zu sein.

Ja, sicher ist darin auch ein Fünkchen Wahrheit enthalten. In uns ist der göttliche Kern, ist der Gottesfunke als eine schöpferische Potenz enthalten. Doch wir sind auch alle anderen Attribute des

Menschlichen, des allzu Menschlichen, die angenommen und verwandelt werden wollen. An ihnen sollen wir uns nicht vorbeimogeln, nur damit wir vor uns selbst und dann auch vor anderen „besser" dastehen können.

Erkennen wir dies, so wird Luzifer selbst verwandelt werden. Er hat dann seine kosmische Aufgabe erfüllt, denn letztlich will und soll er uns von eigenen Wünschen und Illusionen und damit einhergehend, von der menschlichen Hybris befreien, die er aber zuerst einmal selbst mitbewirkt und angestachelt hat. Daraus entstehen ja alle Formen des Narzissmus, des Eigensinns und des schönen Scheins.

Der Gottesfunke ist das Ebenbild Gottes im Menschen, ist aber nicht Gott. Sicher wird da gesagt werden können: Gott ist schließlich unteilbar. Ja, das stimmt, aber Gott ist auch teilbar, sonst wäre Gott begrenzt. Und dem Göttlichen wollen wir ja keine Grenzen zusprechen. Gott hat seine Allmacht und seine Weisheit mit der Schöpfung, mit seinen Geschöpfen geteilt. Deshalb können wir ja überhaupt ein Eigensein entwickeln und die Macht, wie auch die Intelligenz für uns selbst gebrauchen oder gar missbrauchen, auch gegen das Göttliche selbst. Nur die Liebe bleibt bei Gott, sie ist unteilbar.

Lieben wir, egal auf welcher Ebene, so sind wir immer etwas mit dem Göttlichen verbunden, so wie dies Johannes in seinen Briefen ausdrückt:

„Gott ist die Liebe und wer in der Liebe bleibt, der bleibt in Gott und Gott in ihm".

In der Herzensliebe, auch zum eigenen Herzen, können die Begrenzungen unseres Herzens aufgebrochen werden, damit die Liebe daraus immer besser und immer stärker fließen kann.

Wer den lebendigen Gott von Angesicht zu Angesicht schauen will, der soll ihn in der Menschenliebe, also auch in der Liebe zum „Du", zum Mitmenschen suchen und sehen lernen, denn darin ist Gott auch immer gegenwärtig. Die menschliche Liebe zu Gott, zum Mitmenschen und zu aller Kreatur und Schöpfung, das ist der Weg zu einem wahren, edlen und hilfsbereiten Menschen hin, der in sich das Göttliche erspürt, erkannt und aufgenommen hat.

Natürlich kann diese Liebe immer auch noch weiter wachsen, denn sie hat sehr viele Seiten und Eigenschaften, die am Trefflichsten im „Hohen Lied der Liebe" wiedergegeben sind, das der Apostel Paulus in seinem Korinther-Brief dargelegt hat. Ich erinnere nur an die Langmütigkeit der Liebe, wo es zum Beispiel darum geht, eben auch warten zu können.

Mit seinen Mitmenschen braucht man oftmals viel Geduld. Daran kann die Liebe ganz besonders wachsen. Und irgendwann weiß man vielleicht gar nicht mehr, ob man als menschliche Persönlichkeit liebt oder ob sich darin schon eine göttliche Liebekraft eingelebt hat.

Am und durch den Mitmenschen können wir eben auch zu einer göttliche Liebe emporreifen, dafür dürfen wir diesen, unseren irdischen Weggenossen gerne auch dankbar sein. Denn ohne eine dankbare Liebe könnte und würde sich das Herzenstor nur schwerlich öffnen, damit die göttliche Liebe darin auch wirklich einziehen kann. Mit Ausdauer, Geduld, Standhaftigkeit und dem Streben zu, sowie dem Empfangenwollen dieser Liebekraft ist uns ein Weg gezeigt, der uns immer mehr zu Menschen macht, die das göttliche Licht, die göttliche Liebe und dann auch das göttliche Leben in sich selbst erfahren lernen.

Mensch, Erde und All

Viele Zeitgenossen, vor allem die, welche sich für die Pflege und die Erhaltung der Natur einsetzen, sind in unseren Tagen ziemlich frustriert oder haben resigniert, da die Erde zunehmend geschändet, ausgebeutet und die natürlichen Gegebenheiten zurückgedrängt, zugebaut oder verschachert werden. So hört man als eine gutgemeinte Mahnung immer öfter den Spruch: „Die Natur braucht uns nicht, wir aber brauchen die Natur".

Aber stimmt das überhaupt, ist diese Einseitigkeit wahr oder kann der Mensch nicht auch der Erde etwas geben, was für diese positiv und nutzbringend ist?

Wenn wir die Erde als ein lebendiges Wesen betrachten, so unterliegt sie, wie alles Lebendige, einem Entstehen, Werden und Vergehen. Die Erde hatte eine Frühphase, eine „Jugend" mit vielen Experimenten und Versuchen, dann ein Reifen, jedoch, heutzutage ist sie schon ziemlich ausgereift und befindet sich auf dem Weg zu einem Altwerden und irgendwann kommt schließlich auch ein Sterben. Dieses Sterben beschleunigt die Menschheit in unseren Tagen enorm: durch Raubbau, Waldrodungen und Waldbrände, sowie durch eine gewaltige Ressourcen-Vernichtung. Doch auch natürlicherseits hat die Erde ihren Zenit überschritten, sie wird alt, sie verliert an Lebendigkeit, sie braucht daher von irgend woher einen Zuwachs an Kräften, damit sie die vielen Menschen überhaupt noch tragen und ernähren kann.

Einen kosmisch-geistigen Einschlag hat die Erde in der Zeitenwende erhalten, als die Christus-Wesenheit, als die geistige Sonne im Erden-Sein erschienen ist. Aber auch wir Menschen können der Erde neue Impulse verleihen, wenn wir das Natürliche erweitern und veredeln lernen. In alten Mysterienstätten wurde zum Beispiel das Getreide gezüchtet wie überhaupt alle Kulturlandschaften einer Menschenarbeit zu verdanken sind. Ohne Menschheit würden sich in unseren Breitengraden nur wenige Pflanzen durchsetzen, alles wäre mit dichtem Wald bewachsen oder wäre ein undurchdringlicher Dschungel in den wärmeren Erdgebieten. Die Erde hätte ohne den Menschen nur ein vegetatives und tierisches Leben, aber kein Bewusstsein von sich, das sie eben erst durch den Menschen erhält. Und dieses menschliche Bewusstsein kann die Erde so anschauen lernen, dass wir in der Erde ein lebendiges Wesen sehen lernen.

So wie der Mensch einen Bewusstseinspol, das Haupt-, Sinnes- und Nervensystem, sowie einen mittleren, einen rhythmischen Anteil, das Herz-Kreislaufsystem und einen Stoffwechselpol aufweist, so in analoger Weise auch der Erd-Organismus. An den Polen (Nord und Süd) ist am meisten Klarheit, Differenziertheit und Bewusstsein, da gibt es in den Lichtverhältnissen zumeist nur ein Hell oder ein Dunkel, den Tag oder die Nacht. Nur das Polarlicht bringt da einige geheimnisvolle Farben hinein; es offenbart etwas „Außerirdisches", wenn man darin eine Signatur oder etwas Symbolisches zu sehen vermag. Ansonsten ist an den Polen das vegetative Leben eher zurückgedrängt.

In den gemäßigten Breitengraden und mittleren Zonen zeigt sich der Rhythmus der Jahreszeiten am ausgeprägtesten und damit ein rhythmisches System. Und in der Gegend um den Äquator finden wir das pralle vegetative Leben, also die größten Stoffwechsel- und Wachstumsprozesse. Aber auch dieser Raum wird in unserer Zeit immer weiter zurückgedrängt.

Das natürliche Leben, es wird vom Menschen, der seinen Bewusstseinspol, der seine Intelligenz in einseitig-egoistischer Manier gegen das Leben richtet, vermehrt verdrängt oder gar vernichtet. Das heißt mit anderen Worten, der Bewusstseinspol dominiert heutzutage gegenüber dem Lebenspol. Biblisch gesprochen bedeutet dies, der Baum der Erkenntnis vernichtet den Baum des Lebens, auf der Erde und dann auch im Menschen selbst.

Muss das aber so sein, kann der Mensch nicht auch etwas geben, was der Erde hilft, was mehr ist als ein vegetatives und animalisches Leben, vor allem auch, weil der Mensch ein mental und geistig Erkennender ist und damit zu einem Wandler und Heiler heranreifen kann, der höhere Bewusstseinssphären erschließen und daraus vielleicht auch verjüngende Lebenskräfte in den alternden Erden-Leib einzubringen vermag?

Ja, es kann selbst der menschliche Leib, der nach dem Tod der Erde übergeben wird, ein Jungbrunnen für diese sein, da der physische Leib, wie auch die physische Materie eine andere wird, wenn die Leiblichkeit von einem beseelten Geistwesen bewohnt und damit das Stoffliche bearbeitet wurde. Eine Stoffes-Verwandlung kann durch den Menschen geschehen, also eine Kunst, in dem er seinen schöpferischen Geist in den Stoff hineinbringt. Jede Kulturlandschaft ist somit eine Umarbeitung des nur Natürlichen; neue Qualitäten und Schöpfungen entstehen daraus. Man denke nur an die sakralen Bauwerke wie überhaupt an ein vielfältiges künstlerisches Schaffen, womit der natürlichen Erde ein schöpferisch-geistiger Impuls eingepflanzt werden kann. Dadurch macht die Erde eben auch eine Entwicklung durch. Jedoch, die Kräfte des Zerstörens und des nur Nehmen-wollens, sie müssen dringend gewandelt werden, wenn wir unseren Heimatplaneten erhalten wollen. Letztlich zeigt sich in der Auseinandersetzung zwischen den Naturschützern und Pflegern und den einseitigen Naturverbrauchern und Ausbeutern ein Streit, der schon bei Kain und Abel biblisch angelegt wurde.

Kain, der Ackerbauer, der die Erde umgräbt und umwandelt, um aus ihr viele „Früchte" herausholen zu können, ist heute weltweit am Schaffen und Verbrauchen. Abel, der Hirte, der pflegt und verwaltet, wird immer noch „getötet" beziehungsweise zurückgedrängt. Heute, im Zeitalter der Bewusstseinsseele, ist es aber sehr dringlich, sich des eigenen Tuns bewusst zu werden. Nicht nur ein Tun und Handeln ist daher durchzuführen, sondern vor allem auch eine Erkenntnis, welche Hintergründe und Motive unseren Handlungen zugrunde liegen und welche Auswirkungen wir zukünftig damit auslösen und heraufbeschwören. Dies ist doch mit entscheidend.

Durch die Arbeit der „Kainsbrüder" ist die Menschheit immer tiefer in eine Auseinandersetzung mit den stofflichen und untersinnlichen Kräften und Wesen geraten. Ein Abgrund des Irdischen, der inneren Erde, der Tiefen der Materie tut sich zunehmend auf, zum Beispiel durch die Atom-Technologie oder durch die Digitalisierung vieler Bereiche des menschlichen Lebens. Dadurch können verstärkt untersinnliche Kräfte und Wesen einwirken und allmählich vom Menschen Besitz ergreifen. Ja, sogar „Höllenkräfte" kommen dadurch vermehrt in das natürliche und in das unterbewusste Leben hinein. Doch dies wird zukünftig immer stärker ins Bewusstsein treten, allein schon, wenn man beobachten und erkennen will, wie Hass, Lügen und Verleumdungen im und durch das Internet zunehmen.

Wo kommen diese Kräfte denn her? Aus dem Göttlichen und Menschlichen sicher nicht. Da tun sich heute, in der ach so modernen und „zivilisierten" Welt, immer weitere abgründige, teuflische und bestialische Tore auf, die wir eben auch mit bestimmten Techniken und Energien öffnen und verstärken können. Allein wenn man das tägliche Fernseh-Programm verfolgt, mit wie viel Morden und Verbrechen der TV-Komsument in den Schlaf geht, also mit Bildern, die in der Seele weiterwirken, so muss man sich nicht wundern, wenn viele Menschen vulgärer, gewalttätiger, verrohter und primitiver werden.

Leider fehlt dafür zumeist noch das entsprechende Bewusstsein, nur die Auswirkungen erfahren wir und werden sie die nächsten Jahre noch viel stärker erfahren, bis wir uns diesen Kräften, die durch die modernen elekronischen Geräte das Seelenleben vereinnahmen können, nicht mehr willenlos, weil berauscht von ihnen, ausliefern und uns auf das wirklich Gute besinnen werden. Doch wo sich gewaltige Abgründe auftun, ist auch das Rettende nicht fern. Himmelskräfte stehen dem Menschen ebenso bei, wenn er sich in freier Entscheidung diesen zuwenden will.

Der Mensch steht zwischen der Bestie und dem Engel. Dazwischen muss er seine Freiheit finden und im Sinne des Guten handeln lernen. Letztlich geht es im Zeitalter der Bewusstseinsseele vor allem darum, dass der Mensch eine Verantwortung für die Erde übernehmen lernt, denn wir sind mit ihr leiblich und schicksalsmäßig verbunden, ob wir dies gut finden oder auch nicht.

Der Mensch kann sich von den niederen irdischen Kräften vereinnahmen und fesseln lassen oder er strebt willentlich seinem höheren Wesen, seinem Engel zu. Somit muss man sich entscheiden. Der Weg von der Bewusstseinsseele, die wir in heutiger Zeit entwickeln sollen, hin zum Geistselbst beziehungsweise zum höheren Ich, soll und kann auch heute schon vorbereitet werden. Beendet sein wird dieser Menschheitsweg aber erst, wenn eine neue, eine zukünftige Erde, wenn also der sogenannte Jupiter-Zustand der

Erde, biblisch gesprochen das Neue Jerusalem, erschaffen wurde. Und das wird noch etliche Jahrtausende benötigen.

Auf diesem langen Bewusstwerdungs-Weg wird der Mensch zum Miterbauer einer neuen Erde. Alles Natürliche und Stoffliche, was durch des Menschen Arbeit verwandelt, veredelt und umgearbeitet wurde, also auch die Kains-Arbeit, erschafft eine neue Welt. Die alte Erde, das was nicht gewandelt, was nicht veredelt, was nicht durchgeistigt wurde, wird einmal als Schlacke zurückbleiben müssen. Auch das, was an Stofflichkeiten den untersinnlichen Kräften ausgeliefert wurde, kann nicht in den neuen Schöpfungs-Reigen gelangen und wird den Wärmetod erleiden, so wie dies die Naturwissenschaften für die Erde vorausbestimmen können.

Wie soll folglich die Arbeit an der Erde aussehen, damit wir diese in einem positiven Sinne wandeln und weiterentwickeln können?

Leiblich sind wir Erde, unser Leib besteht aus Stoffen der Erde. Damit sind wir mit ihr verbunden, auch über die Nahrung und dem Verbrauch an irdischen Gütern. Seelisch sind wir mit den Mitmenschen und den Geschöpfen der Erde, den Tieren und Pflanzen verbunden und geistig mit den Kräften des Himmels. Daraus entsteht eine karmische, das heißt, eine schicksalhafte Verantwortlichkeit.

Nehmen wir einmal unser Verhältnis zu den Tieren. Heute wird von Naturschützern zurecht eine artgerechte Haltung für Nutztiere wie für freilebende Wildtiere angemahnt. Selbstverständlich braucht die Tierwelt dann auch natürliche Lebensräume und Rückzugsgebiete, wo sie ungestört leben und gedeihen kann. Jedoch, die Bindung eines Tieres an den Menschen hat auch eine Wirkung beziehungsweise eine Lern- und Weiterentwicklungs-Möglichkeit für die Tierwelt selbst. Entscheidend dabei ist, ob eine liebende Zuwendung geschehen kann. Selbst einzelne Raubtiere, die ein inniges Verhältnis mit ihren „Dompteuren" entwickeln, werden in zukünftigen Entwicklungs-Epochen eine besondere „Rolle" einnehmen können. Demzufolge muss es eben immer auch noch „Fortgeschrittene" geben, damit überhaupt eine Weiterentwicklung geschehen kann.

Wenn der Mensch auf der Jupiter-Erde, also auf der zukünftigen Erde einmal die Engel-Stufe erreicht haben wird, werden die Tiere

eine Art Menschenstufe erreichen und dann braucht es Fortgeschrittene und Führer, die die übrige „Masse" anleiten können,
ähnlich wie es auch im Menschenreich bestimmte Lehrer und
Führer gibt. Die Fähigkeiten dafür können heute schon erworben
werden, eben durch eine liebevolle „Dressur" und durch eine
innige Verbindung zum und mit dem Menschen. So sollte nicht
alles pauschal verurteilt werden, was Menschen mit Tieren tun.
Entscheidend ist eine gute Pflege und eine innige und liebevolle
Verbindung, egal ob im Zoo, im Zirkus, im Sport, im Stall oder
Zuhause. Eine Ausbeutung und ein egoistischer Verbrauch beziehungsweise ein Quälen in Tierversuchen oder ein Züchten in der
Massentierhaltung, nur um des Geldes willen, ist dagegen abzu-
lehnen. Denn dies wird Folgen zeitigen, so wie wir das zum
Beispiel in vielerlei Krankheiten erleben, die von der Tierwelt
ausgehen. Alles, was wir den Tieren an Gutem oder Schlechten
zukommen lassen, kommt schließlich irgendwann auf den
Menschen zurück.

Auch die Pflanzen- und die Mineralienwelt kann durch den Menschen eine Veredelung erfahren. Zwischen einem rohen und einem
geschliffenen Diamanten gibt es doch auch einen beträchtlichen
Unterschied. Schmuck, Kunst, Pflanzenveredelung und Land-
schaftsgestaltung, der Mensch wandelt die Erde um, durch Kreativität, Technik und Kunst, er macht sie damit nicht nur nützlich für
sich, sondern auch schöner. Und die Schönheit wird ja einmal die
Welt erretten, das sollten wir nicht vergessen.

Die Liebe macht schön. Aber nicht nur die Selbstliebe ist hier
gemeint, die ja viel zu leicht in so mancherlei Eitelkeiten ausarten
kann. Eine Liebe zur Erde braucht es, zum Stein, zur Pflanze, zum
Tier, zu den Elementarwesen, zum Mitmenschen und eine Liebe
zum All, zu den Sternen-Kräften, zu den Göttern und Hierarchien,
also zu den schaffenden Wesen und Geistern des Alls und schließlich zu Gott, dem Schöpfer von allem.

Mit einer solchen Liebeshoffnung ist uns eine Wegweisung und
damit einhergehend ein Befreiungsweg vorgegeben. Gott kam in
Christus zu uns Menschen und dann auch in die Lebenssphäre von
Mutter Erde hinein. Dadurch kann der Mensch, im Einklang mit
der Christus-Liebe, die Erde und alle Kreatur miterlösen. Die

dämonische, die untersinnliche Welt hat der Mensch zunächst aber selber zu befreien und zwar, in dem er sich von dieser befreien, sich aus deren Fesselung lösen lernt, um sich diesen Welten zuerst einmal frei und beobachtend gegenüberstellen zu können. Denn dadurch kann er auch das Gotteslicht in diese Bereiche senden, er kann das „Böse" darin erkennen und auch segnen lernen, denn der Mensch steht ja zwischen dem Göttlichen und dem Teuflischen. Entweder wirkt Göttliches oder Dämonisch-Teuflisches im und durch den Menschen. Haben wir dies erkannt, so können wir zum Miterbauer, zum Mitgestalter und zu einem verbindenden Mittler einer zukünftigen Welt heranreifen, der die Erd- und die Himmels-kräfte in sich vereinigt hat.

Eine Entwicklung im ganzen, im großen, im weiten Kosmos ge-schieht schließlich in „wachsenden Ringen". In einem neuen Erden-Äon, dem Jupiterzustand der Erde, erreicht der Mensch die Engelstufe beziehungsweise das Geistselbst oder das höhere Ich, die Tierwelt erreicht darin die Menschenstufe, die Engel die Erzengel-Stufe und so weiter. Eine Höherentwicklung geschieht durch alle Reiche und Sphären bis hin zu Gott. Aber es gibt auch Wesen, die diese Höherentwicklung nicht schaffen, sie fallen zurück und können zu Widersachern entarten, die dann einem anderen Entwicklungsstrom zugeteilt werden müssen.

Der ganze Kosmos ist belebt. Hohe Schöpferwesen, die Hierar-chien, haben ihn erschaffen. Im Mineral, in der Materie ist die Schöpfung, ist die Schöpferkraft in die tiefste Verdichtung und damit zur Ruhe gekommen. Schöpfung bedeutet somit eine all-mähliche Verdichtung aus den Geistes-Sphären zu den astralen Seelenwelten hin und weiter zu den Lebenswelten bis in die physische Welt hinein. Dabei ist unsere heutige sinnliche Wahr-nehmung nur noch für die physische Welt geeignet. Höhere Welten sehen wir zunächst nicht mehr. Dafür müssen erst wieder bestimmte „Sinnes-Organe" ausgebildet werden.

Ein zukünftiger Aufstieg aus der physischen Welt soll sich ereig-nen: von der physischen Erde in die Lebens-Sphäre (Jupiter), dann in die Astral-Sphäre (Venus) und schließlich in einen Geistkosmos (Vulkan) hinein. So sind die zukünftigen Wandlungsphasen der Erde in der geistigen Wissenschaft genannt. Doch das wird noch sehr lange Zeiten benötigen und dauern. Dies kann hier aber nur angedeutet werden.

Das physische Weltall wird demzufolge einmal wieder vergeistigt werden, natürlich in sehr langen Zeit-Abschnitten und Entdichtungs-Stufen. Der Mensch hat dabei die Aufgabe, diesen Prozess aktiv zu begleiten und zwar, in dem er die Materie wandelt und erhöht und in dem er die Pflanzen- und die Tierwelt aus ihrem Fall erlöst. Jedoch, letztlich kann nur der befreite Mensch auch die Erde befreien. Der zu Gott erwachte, der vergöttlichte Mensch kann die Erde miterlösen.

Demzufolge können wir Menschen der Erde auch etwas geben, so wie dies der Dichter Novalis in seinen Fragmenten angedeutet hat: „Die Menschheit ist der höhere Sinn unseres Planeten, der Nerv, der dieses Glied mit der oberen Welt verknüpft, das Auge, was er gen Himmel hebt."

Nicht nur der Abel-Typus, der die Erde pflegt, erhält und der den Kontakt mit dem Göttlichen stärker bewahrt, ist es, der dieser Aufgabe gerecht wird. Auch der Kains-Mensch kann in einem positiven Sinne mitwirken, wenn er nicht nur zerstört und um des Eigennutzes willen arbeitet, sondern wenn er seine Arbeit in den Dienst eines Höheren stellen lernt, vor allem, wenn er auch ein „Künstler" wird, wenn er verwandelt, veredelt und verschönert.

Die Natur wie alle Kreatur wartet sehnsüchtig auf den befreiten und liebenden Menschen. Die Natur braucht den Menschen nicht als Ausbeuter und Zerstörer, sie braucht ihn als einen Liebenden. Denn die Liebe befreit und erlöst.

Der Mensch steht zwischen der Erde und dem All. Er ist ein Naturwesen, mit seinem Leib aus Erde geschaffen. Und er ist ein Geistwesen, gründend im kosmischen All, auch wenn wir dies zumeist vergessen haben. Dazwischen ist er ein soziales Wesen, ausgerichtet zum Mitmenschen und zur Mitwelt. Mit den unteren Chakren (Wurzel- und Sakral-Chakra) ist er mit der Erd-Energie, ist er mit Mutter Erde, mit Shakti verbunden. Über diese findet er seine Verwurzelung, wie auch die irdischen Bedürfnisse, die Nahrung, die Zeugung, die weibliche Kraft, die Gemeinschaft und die Heimat. Mit den oberen Chakren (Stirn- und Kronen-Chakra) ist er mit den kosmischen Energien, mit Vater Himmel, mit Shiva verbunden. Die Individualität, die männliche Kraft, die geistigen Bedürfnisse, die Religiosität, sowie das geistige Streben und Erkennen wurzeln hier. Mit den mittleren Chakren (Solar-Plexus-, Herz- und Hals-Chakra) ist er mit der Mitwelt verbunden. Liebe, ein Geben und Nehmen, eine Persönlichkeitsentwicklung und ein soziales Interesse darf sich hier ausbilden.

Indigene Völker sind noch mehr mit der Erde verbunden, die unteren Chakren sind da zumeist noch gesund und stark. Religiös gestimmte Völker wie in Indien oder Tibet verbinden sich noch mehr mit dem Himmel, also mit den oberen Chakren. Europa und die „zivilisierte Welt" beziehungsweise die Menschen darin, sie haben oftmals den Kontakt nach unten wie auch nach oben verloren, entwickeln dafür mehr das mittlere, das soziale und das rein menschliche Element und damit auch das persönliche, das menschliche Ich.

Ein Mangel an Erdverbundenheit, an weiblicher Kraft, an Ehrfurcht vor dem Natürlichen und ähnlichem lässt zum Beispiel die Urwälder abholzen. Man schändet das Weibliche und beutet Mutter Erde aus, manchmal sogar noch in religiöser Gesinnung. Dadurch bleibt aber das Obere, bleibt der Bezug, der Kontakt zu einer übersinnlichen, zur göttlichen Welt versperrt. Eine Einseitigkeit auf Kosten des anderen Pols muss jedoch irgendwann ins Krankhafte hineinführen. Der ach so aufgeklärte Mensch der sogenannten Aufklärung und des Humanismus, er bleibt trotz aller großartigen Errungenschaften in der Wissenschaft und Technik ohne einen wirklichen Geist- und Erdbezug leider nur auf sich und die Seinen gestellt und damit gar nicht selten allein.

Zu einer Ganzheitlichkeit, zu einem vollen Menschentum gehört das Oben, das Unten und die Mitte zusammen. So ist es heute sehr wichtig für den „verkopften" West-Menschen eine Verbindung zum Weiblichen, zur Mutter Erde wiederzufinden, das heißt auch, dass er sein Wurzel-Chakra heilen und vitalisieren soll.

Die Abholzung der Urwälder ist nur ein Synonym für die Verelendung der eigenen Lebens-Energien. So spiegelt uns die Erde und die geschändete Natur eben unser aller menschliches Sein. Stirbt der Wald, so ist es nur eine Frage der Zeit bis auch der Mensch zu sterben beginnt.

Rot ist die Farbe des Wurzel-Chakras. Sich energetisch mit Rot durchglühen und dabei die Mutter-Gottheit ehren, das heißt ganz praktisch gesehen, die Kundalini-, die Shakti-Schlangenkraft in sich erwecken zu wollen. Langsam darf sie die Wirbelsäule nach oben geführt werden --- rot, orange, gelb, grün, blau, violett. Eine Chakren- und Aura-Heilung darf somit geschehen. Sodann kann aber auch eine Lichtsäule von oben nach unten aufgebaut werden, damit sich eine Einheit von Mensch, Erde und Himmel ausbilden kann. In der Mitte, im Herzen ist die eigentliche Freiheitssphäre für uns Menschen zu finden. Darum bildet diese sich vor allem in Europa aus. Folglich hat Europa im Weltpolitischen auch die Aufgabe, zwischen den politischen Polen und Extremen zu vermitteln und auszugleichen. Wie das menschliche Herz zwischen Haupt und Bauch vermittelt, so sollte Europa dies im Weltgeschehen vollbringen. Denn vom Herzen aus bestimmen wir selbst, in welche Richtung wir gehen wollen:

- nach unten zur Erde beziehungsweise in unseren Stoffwechsel, in unsere Leibeskraft hinein. Da helfen uns die Naturvölker sehr gerne, durch Tanz, Gesang und bunten Farben, vor allem, wenn wir diese Völker nicht mehr ausbeuten werden;
- nach oben zum Himmel – eine östliche Geistigkeit verweist zum Beispiel auf den ewigen, auf den höheren Menschen in uns;
- nach außen zur Mitwelt – hier ist die eigentliche Aufgabe Europas, mit der wir wiederum andere Völker und Kontinente befruchten können, was vor allem die individuellen Menschenrechte und das soziale Miteinander betrifft.

Erst zusammen kann sich aber eine Ganzheit ausbilden. Einen Teil wichtiger oder höher zu betrachten als den anderen, führt in die Irre. Nur zeitliche Verschiedenheiten, also Entwicklungszyklen und -zeiten sind hierbei zu berücksichtigen. Dies zu erfassen, ist des Menschen Aufgabe und Bestimmung. Jedoch ist es nicht immer so leicht, dies auch umzusetzen. Doch wir können von fremden Völkern lernen, die zum Beispiel noch eine stärkere religiöse Haltung oder einen vitalen Erd-Bezug innehaben. Bunte Farben, handwerkliche Kunst, viele Tänze, Trommeln, Gesänge und Rituale, die mit der Erde verbinden, wie überhaupt ein naturnahes Leben oder die religiöse Hingabe, Andacht, Bescheidenheit und Demut bei Menschen, die in übersinnlichen Sphären ihre Bestimmung und ihr Glück erleben, dies alles kann uns sehr bereichern.

Die Verbindung zum Himmel, zum Kosmos, dafür finden sich in den alten Religionen noch vielerlei Zeugnisse, die helfen, bestimmte Götterkräfte, die Hierarchien oder das hohe Selbst in Hingabe und Ehrfurcht, in Demut und Bescheidenheit in sich zu berühren und zu erlangen.

Die Mitte, das Herz verbindet. Die Liebe zu sich selbst, zum Mitmenschen, zur Natur und zur Kreatur, zur Erde, zum Himmel und zu den Schöpferwesen des weiten Alls, diese Liebe können wir immer wieder neu erstehen lassen und ichhaft stärken lernen. Oftmals lassen ja Zweifel, Ängste und mancherlei Selbstsüchtigkeiten diese Liebe schwinden. Doch die Liebe kann immer wieder auferstehen, wenn wir uns mit dem Geist der Liebe verbinden, mit Christus, der die Auferstehung selber ist.

„Ich bin die Auferstehung und das Leben".

Von dieser Auferstehungs-Kraft dürfen wir uns durchströmen lassen. In ihr ist der Himmel, die Erde und der Mensch miteinander verbunden und vereint. Sie macht alles neu. Sie schenkt den neuen Menschen, die neue Erde und den neuen Himmel. Darin findet der Mensch eine Kraft, ein Ziel und einen Weg, der ihn mit der Welt, mit der Erde und mit dem All verbinden und versöhnen kann.

Der Mensch – die Krone der Schöpfung?

Wo erlebt dies der Mensch - oder wo und wie könnte er diese besondere Auszeichnung erleben?

Die Erde ist nur ein „winziger" Planet im weiten Universum. Und der Mensch auf dieser Erde ist deren Naturgewalten manchmal ziemlich ohnmächtig ausgesetzt. Auch viele Krankheiten hat er trotz modernster Technik noch nicht wirklich bezwungen. Und heutzutage erlebt er durch die Digitalisierung und dem „Können" der Computer-Welten immer mehr, dass diese technischen Errungenschaften und Möglichkeiten in vielen Bereichen „besser" sind als er selbst. Das ist im Grunde genommen ja sehr deprimierend, wenn dies vielleicht auch noch nicht richtig im Bewusstsein vieler Menschen angekommen ist. Doch wenn die Technik einmal vieles besser leisten kann als der Mensch, wird dieser zwangsläufig heruntergesetzt, degradiert und „ausgemustert". Das ist doch als ein realer Zukunftsblick für uns alle ziemlich ernüchternd.

Letztlich stellen sich durch die vielen Maschinenwelten ganz andere Kräfte und Wesenheiten an die Stelle des Menschen. Die Gefahr darin liegt eben hauptsächlich in den Energien und Wesen, die in und hinter dieser sogenannten künstlichen Intelligenz wirken. Diese sogenannten ahrimanischen Wesenheiten wollen die Herrschaft über und auf der Erde erringen und vom Menschen übernehmen. Ahriman will sich sogar noch in diesem Jahrhundert in einer menschlichen Leiblichkeit inkarnieren. Deshalb ist sein Einwirken überall schon recht deutlich zu erkennen; ein Kampf gegen alles Gesunde und Natürliche ist in vollem Gange.

Geistig wirken diese ahrimanischen Mächte durch ein abstraktes und mechanisches Denken, wovon vor allem das heutige „Mainstream"-Weltbild des Materialismus inspiriert wird.

Seelisch wirken diese Mächte durch Ängste und Lügen, die heute weltweit forciert werden und überall am Zunehmen sind, vor allem in den Medien, wenn man nur einmal die Berichterstattung über die Corona-Pandemie als ein Beispiel heranzieht.

Physisch werden die Menschen durch Konsum und durch vielfältige Bequemlichkeiten so stark an das Leiblich-Materielle gebunden, damit sie dadurch den lebendigen Geist vergessen sollen, durch den sie aber erst wirklich zu einem gesunden und ganzen Menschen heranreifen können.

Jedoch, der Mensch ist ürsprünglich gesehen ein geistiges Wesen, er entstammt aus geistig-göttlichen Sphären. Wenn er sich selbst aber nur noch als ein emotional-leibliches Subjekt betrachtet, das vor allem über sein genetisches Programm und sein Gehirn gesteuert ist, wird er eine leichte Beute für Ahriman sein. Sicherlich, zuerst wird man in Ahrimans Gefolge gewisse Vorteile im Materiellen haben, doch seelisch-geistig wird der Mensch verarmen, da er ohne geistige (nicht intellektuelle) Impulse allmählich verkümmern und irgendwann auch krank werden muss. Da nützt dann auch die ganze Apparate-Medizin und Impferei nicht mehr viel, denn ohne die Kräfte des Natürlichen und Lebendigen, die Ahriman eben bekämpfen will, ist der Mensch nicht wirklich lebensfähig.

Was also macht den Menschen zum Menschen, wodurch kann er zur Krone der Schöpfung heranreifen?

Der Leib ist sein Instrument, mit dem er auf der Erde wirken kann. Mit der Seele soll er sich dem göttlichen Geist zuwenden und hingeben lernen, damit er daraus moralische Qualitäten und geistige Impulse empfangen kann. Erst wenn der Mensch sein höheres Wesen, seinen Geist in sich selbst entdeckt, wird er fähig, in Freiheit sein Leben selbstbestimmt zu gestalten und zwar durch die Erkenntnis und die Einsicht in das Wirken göttlicher Mächte und Wesen, die ihn mit Weisheit und Liebe beschenken wollen.

Doch auf diesen Wegen müssen eben auch die Mächte, die dem Göttlichen widerstreben, erkannt und gebannt werden. Ein großer Geisteskampf, der zum Beispiel in der Apokalypse des Johannes angesprochen ist und der zum Sturz der Geister der Finsternis auf und in die Erde geführt hat, als der Erzengel Michael mit seinen Scharen die Widersachermächte aus den himmlischen Reichen verstieß, tobt sich nun im Irdischen aus. Da sind wir Menschen nun ganz besonders herausgefordert, an diesen Abgründen, die sich immer weiter auftun, zu erstarken. Ja, wir können erst zur Krone der Schöpfung heranreifen, wenn wir mit den finsteren Mächten fertig werden, wenn wir sie dereinst überwunden haben.

Doch ohne geistige Hilfen, ohne einen michaelischen Geistesmut, ohne die Besonnenheit und Innerlichkeit eines Widar und ohne die duldsame und annehmende Kraft des Christus wird dies nur schwerlich zu erreichen sein. Mit der Hilfe dieser göttlich-geistigen Kräfte und Wesen wird es zukünftig sogar möglich sein, die Widersachermächte aus ihrer Verbannung und aus ihrer Verbitterung mit zu erlösen. Denn auch sie haben im Kosmos einen Sinn. Sie prüfen und attackieren uns Menschen nur so lange, bis wir daran aufwachen, stark werden und uns auf die wahren Werte des Menschseins besinnen, wie zum Beispiel dem: „Edel sei der Mensch, hilfreich und gut!"

Kann eine Maschine gut sein, das heißt, eine moralische Fantasie entwickeln, um frei entscheiden zu können, was in einer bestimmten Situation, wie und wo das Richtige zu tun ist, um dem Ganzen dienen, um im Sinne des Guten und Edlen wirken zu können?

Diese moralische Fantasie für das Gute zu entwickeln ist ja des Menschen eigentliche Aufgabe und auch sein innerstes Vermögen, wodurch er von niemandem ersetzt werden kann. Diese Fähigkeit auszubauen, das macht Sinn, denn dadurch bleibt er den Maschinenwelten immer überlegen, denn diese sollen uns Menschen letztlich dienlich sein und nicht umgekehrt.

Der heutigen Faszination und dem Begehren nach noch immer mehr künstlicher Intelligenz und Technik, wird eine Ernüchterung folgen müssen, da die Wesen, die hierüber einwirken, den Menschen krank machen und versklaven wollen. Sie sind daher dringend zu durchschauen, denn das „Aufwachen" daraus wird nicht leicht vonstatten gehen. Wie ein Spinnennetz zieht Ahriman seine Machenschaften über die ganze Welt, was vor allem das Gesundheitswesen, das Geldsystem, das neoliberale Wirtschaften, die Überwachung und die Ausbeutung der natürlichen Ressourcen betrifft. Sich daraus zu befreien wird nicht einfach sein, doch gewisse „Gegenmodelle" gibt es eben auch. Diese sollten gefördert werden. So wie die Apokalypse des Johannes mit einem positiven Sinn und Ende abschließt, so hat eben alles seine Zeit.

Nur die Hoffnung dürfen wir nicht verlieren und den Glauben an die guten Mächte, die uns immer beistehen werden, wenn wir die

Liebe nicht vergessen, auch nicht zu den Wesen und Menschen, die noch im „Dunklen" wandeln.

Unsere Liebe wird geprüft, darin dürfen wir wachsen und reifen. Eine freie und selbsterrungene Liebekraft macht uns allmählich zur Krone der Schöpfung, weil die Liebe alles Unvollkommene und Gefallene annehmen, wandeln und erhöhen kann. Eine neue Schöpfung, eine heile Welt soll einmal mit und durch den Menschen geschaffen werden. Dahin sollen und dürfen wir unsere Energie hinlenken, nicht so sehr auf die dunklen Kräfte, die durch ein Anrennen und Bekämpfen nur noch gestärkt werden. Das sollten wir doch auch bedenken.

Doch was kann der Einzelne zu einem positiven und gesunden Gelingen für Mensch und Erde selber beitragen?

Im Miterleben des christlichen Jahreslaufs ist uns eine große Hilfe gegeben, wie wir uns in einen kosmischen Reigen aus irdischen und himmlischen Kräften einklinken können. Zudem kann der sakramentale Kultus, den die christlichen Kirchen in den Messen zelebrieren, für viele Menschen sehr hilfreich sein. Die einzelnen Stufen darin lauten:

1. Die Verkündigung und Offenbarung (Lesung aus der heiligen Schrift).

2. Die Opferung (der Mensch opfert seine Unvollkommenheiten auf dem Altar).

3. Die Wandlung (bis in den Stoff, bis in den Leib und in das Blut, soll Christus einwirken können, dafür soll sich der Mensch öffnen).

4. Die Kommunion (die Aufnahme von Brot und Wein, dem Leib und dem Blut Christi).

Der sakramentale Kultus ist ein Gnadengeschenk des Himmels an uns Menschen. Rudolf Steiner hat uns zusätzlich auf einen umgekehrten Kultus hingewiesen, den der Mensch von sich aus und selbstständig beschreiten kann. Diesen will ich hier zum Abschluss noch kurz erwähnen, so wie er sich mir gezeigt hat. Dabei drehen sich die einzelnen Stufen des sakramentalen Kultus um. Man beginnt somit bei der Kommunion. Da gibt es nun einen recht merkwürdigen Satz von Rudolf Steiner, den wir zuvorderst bedenken sollten:

„Das Gewahrwerden der Idee in der Wirklichkeit, ist die wahre Kommunion des Menschen".

Doch wie kommen wir zu Ideen, wie finden wir Ideen?

Zunächst gehen wir ja von Begriffen aus und müssen uns dann behutsam zu einer Idee vortasten, bis man diese innerlich erfassen und ergreifen kann. Theoretisch können alle Begriffe so erweitert werden, dass ihre innenliegenden Ideen darin zur Erscheinung kommen können. Für eine meditative Vorgehensweise sind dabei sinnlichkeitsfreie Begriffe wie der Friede oder die Gerechtigkeit und ähnliches anzuraten, da wir mit solchen Begriffen leichter in übersinnlich-geistige und ursächliche Welten hineinkommen können.

Was ist die Idee des Friedens, welche Idee liegt dem Begriff des Friedens inne?

Zunächst können wir den Begriff Frieden anschauen, wie er uns in der irdischen Welt begegnet. Zum Beispiel von einem Waffenstillstand bis zu einem Friedensvertrag und weiter bis hin zu einem inneren Frieden kann der Begriff Friede denkerisch bewegt und erweitert werden. Zusätzlich kann man darüber nachsinnen, wie der Friede funktioniert, wie er „arbeitet", das heißt mit anderen Worten, welche Gesetzmäßigkeiten darin zur Erscheinung kommen wollen. Dadurch erst kommen wir allmählich zu einer Idee, die dem Frieden innewohnt. Der Friede schafft nämlich an einem guten Zusammenleben, wo dann jeder Einzelne seinen ihm ganz eigenen Raum erhält. Der Friede schafft Ordnung, Raum, Ausgleich und Harmonie. Die Idee des Friedens ist es dann, dass alles Leben in einem guten Miteinander zusammenwirken kann. Diese Idee in sich zu erfassen ist nun wie eine Kommunion, ist wie eine innerliche Vereinigung mit dieser Idee.

Doch damit sind wir noch lange nicht am Ende eines umgekehrten Kultus angelangt. Wieder gibt uns Rudolf Steiner einen erneuten Hinweis mit dem Satz: „Wir müssen den Ideen erlebend gegenüberstehen, sonst geraten wir in ihre Knechtschaft".

Es gibt ja Ideen, die bis zu Ideologien ausarten können und die den Menschen zwanghaft und fanatisch werden lassen, weil er meint, seine Idee ist die Beste und alle anderen müssten sich dieser Idee anpassen. Wenn wir hier nicht in eine Rechthaberei und in Auseinandersetzung mit anderen Ideen einmünden wollen, müssen wir an diesem Punkt in eine Wandlung eintreten. Dazu wieder ein Satz von Rudolf Steiner: „Jede Idee, die dir nicht zum Ideal wird, ertötet in dir Kräfte; jede Idee, die dir zum Ideal wird, erschafft in dir neue Lebenskräfte".

Wie kann nun die Idee des Friedens zu einem Ideal sich wandeln, damit der Friede in einem guten Sinne zum Wirken kommen kann?

Dazu muss die Idee vor allem mit dem Herzen erfasst und aufgenommen werden. Das Herz wandelt das denkerische Erkennen in Ideale um, wenn wir uns für bestimmte Ideen erwärmen und wenn wir sie innerlich erfühlen, annehmen und einverleiben können. Dadurch wird es auch leichter, diese in die Praxis umzusetzen. Ist das Herz bei einer praktischen Umsetzung nicht dabei, wird es immer schwierig sein, eine Idee auch zu verwirklichen. Diese Stufe erfordert also eine innere Wandlungsbereitschaft.

Doch der umgekehrte Kultus bleibt hier immer noch nicht stehen. Es folgt die Opferung. Dabei geht es um ein Loslassen der Idee und der bisher gewonnenen Erkenntnisse und Erfahrungen, wie auch der Gesetzmäßigkeiten und der Ideale, die wir uns in der Seele erarbeitet haben. Dadurch wird erst ein Raum geschaffen, ein leerer Raum, in den sich das Wesen der Idee und des Ideals „aus- oder einsprechen" kann. Das Wesen des Friedens soll sich im freien Seelenraum aussprechen und einleben können. Eine Offenbarung des Wesentlichen und eines Wesens darf geschehen. Ein Wesen offenbart beziehungsweise es verkündet sich selbst in uns, zum Beispiel ein Engel des Friedens.

Wird dieser umgekehrte Kultus in einer Gruppe zu praktizieren versucht, so kann mit der Zeit erlebt werden, wie in dieser Stufe sich geistige Wesen nähern und einfinden können. Jeder Mensch hat ja einen „eigenen" Engel, der ihn durch viele Inkarnationen zugestellt ist. In einer spirituell und meditativ arbeitenden Gruppe können sich diese einzelnen Engel miteinander verbinden. Dadurch findet sich allmählich ein übergeordneter Engel, ein Erzengel ein, der die freie Gemeinschaft mit geistigen Kräften impulsieren kann. Ein neues Kraftfeld entsteht daraus. So kann zum Beispiel der Engel des Friedens die Gruppe inspirieren, dass diese Impulse empfängt, um vielleicht eine Friedensarbeit oder Ähnliches in der Welt beginnen zu wollen.

Wird die Gruppe mit der Zeit größer und in sich stabiler, dann kann sie sich mit anderen, mit ähnlich arbeitenden spirituellen Gruppen verbinden, in denen ebenfalls bestimmte Erzengel einwirken. In solchen „Gruppenverbänden" kann sich ein noch höheres Wesen, ein Archai, zum Beispiel der Zeitgeist Michael in und über diese Gruppen bemerkbar machen und seine Impulse da hineinbringen.

Und weitet sich das Bewusstsein vieler einzelner Menschen in den verschiedenen und vielfältig arbeitenden spirituellen Gruppen immer mehr ins Menschliche, in ein Menschheits-Bewusstsein hinein, so wird Christus da sein und einwirken können.

Es geht hier im Endeffekt also darum, hohe Gruppenziele und Ideale zu finden, mit denen sich geistige Wesen verbinden können. Entscheidend ist es ja, wie sich Ideen und Ideale, die sich der Mensch oder auch die Gruppe selber kreiert, wie sich diese verändern, wenn er oder die Gruppe diesen Weg des umgekehrten Kultus durchgeführt hat. Mit anderen Worten: welche Aufgaben entstehen daraus, wenn wir unsere Ideen und Ideale mit den geistigen Wesen und Wirklichkeiten in eine Verbindung bringen?

Der Begriff des Friedens wird dann sicherlich noch anders aufgefasst werden, wenn wir in eine Berührung mit dem Engel des Friedens kommen können. Der Friede kann sich dann in einen lichten Frieden oder gar in einen himmlischen Frieden erweitern. Denn die Wesen der Ideen oder der Begriffe verlebendigen diese und je höher und edler wir unsere Ideen und Ideale erfassen, um so höhere und stärkere geistige Wesenheiten können sich darin ausdrücken. Damit können wir geistdurchtränkt zu menschlichen Taten schreiten, die in einem guten Sinne im Irdischen wirken und das Irdische verwandeln helfen. So erst kommt Geistiges über den freien und sich selbst bestimmenden Menschen in das irdische Leben hinein.

Vom Begriff über die Idee und dem Ideal zum Wesen, das sich darin offenbaren will und dann vom geistdurchdrungenen Ideal in die irdische Welt hinein, dies bringt Mensch und Welt in einem guten Sinne voran.

Der Mensch hat demzufolge selbst eine Möglichkeit, um sich mit den geistigen Welten verbinden zu können, um schließlich eine Ganzheit, ein umfassendes Wesen werden zu können, das den leiblichen, den seelischen und den geistigen Menschen umfasst. Denn in der Berührung mit dem Engel ist auch eine Annäherung zu und mit dem höheren Ich des Menschen verbunden. Dieses hohe Selbst soll uns ja immer bewusster werden, so dass Ich und Selbst einmal eine Einheit, zumindest eine gute Zusammenarbeit erreichen können.

Das ist es, worauf ich hier in aller Kürze nur noch hinweisen will. Dadurch können wir uns wirklich zur Krone der Schöpfung hinbewegen, vor allem, weil dieser Weg in unsere Eigenverantwortung und in unsere Freiheit hineingelegt ist.

Eine weitere Möglichkeit für den Menschen, zu dieser Krone der Schöpfung hinzustreben, ist es, bestimmte Tugenden und Seelenfähigkeiten in sich selbst entwickeln zu wollen, wie sie sich in den Chakren-Ebenen und durch diese einleben können. Dies wird hier nur noch stichwortartig angeführt, damit der Leser selber darüber nachsinnen kann:

1 - Wurzel-Chakra: Standhaftigkeit und Barmherzigkeit.
2 - Sakral-Chakra: Duldsamkeit, Geduld und Treue.
3 - Nabel-Chakra: Ernster Wille, Zielstrebigkeit, Disziplin,
        Wachsamkeit und Furchtlosigkeit.
4 - Herz-Chakra: Ordnung, Präsenz, Positivität, Unbefangenheit,
        Toleranz, Interesse, Freude und Liebe.
5 - Hals-Chakra: Rechtes Leben (die Fähigkeiten aus dem acht-
        gliedrigen Pfad des Buddha).
6 - Stirn-Chakra: Achtsamkeit und Güte, Weisheit und Vernunft.
7 - Scheitel-Chakra: Andacht und Stille, Devotion und Hingabe
   - und noch weitere Tugenden mehr.

Vor allem den Glauben, die Hoffnung und die Liebe sollten wir nicht vergessen, damit wir sicher und gestärkt unseren weiten Weg beschreiten können.

In diesem Sinne: ein gutes, sinn- und liebevolles Wandern und Wandeln, das uns alle zu dem Ziele führen möge, das für uns und für die Welt vorbestimmt ist und uns zu wahren Menschen macht.

Ein Nachwort

Zum Menschen werden, das ist in unseren Tagen vor allem eine geistige beziehungsweise eine moralische Frage. „Edel sei der Mensch, hilfreich und gut". Goethe wies mit diesem Vers aus dem Gedicht: Das Göttliche, darauf hin, was den Menschen zu einem guten Menschen macht. Doch der „Gutmensch" hat in letzter Zeit auch etwas Kritik abbekommen, da ein karitatives, auf christlicher Nächstenliebe gegründetes Handeln bei vielen Zeitgenossen nicht mehr nur als richtig angesehen wird.

In der Flüchtlingskrise ist dies offenbar geworden, denn das Helfen-wollen kann sehr leicht auch ausgenutzt werden oder mitunter zu schwierigen Konsequenzen führen. So muss zur Liebe, zu einer liebevollen und helfenden Handlung immer auch noch eine Erkenntnis, eine Weisheit hinzukommen, damit das Handeln für alle Beteiligten in einem guten Sinne erfolgen kann. Die Weisheit schenkt uns einen Überblick und sie kann einordnen, wo eine karitative Hilfe sinnvoll ist und wo vielleicht ganz andere Maßnahmen helfen können.

Was ist im Augenblick das Richtige und damit auch das Gute? – Da gibt es meistens keine allgemeingültigen Patentrezepte oder feste Verhaltensregeln, weil es für viele Fragen und Probleme der heutigen Zeit kein eindeutiges Ja oder Nein mehr gibt. Vieles in der Welt ist nämlich viel zu komplex und kompliziert geworden und benötigt daher eine differenzierende Betrachtungsweise, die verschiedene Standpunkte zusammenbringen und ausgleichen kann. Eine moralische Phantasie sollten, dürfen und können wir daher entwickeln, die ein Gespür für das bekommt, was jetzt angemessen und richtig ist zu tun.

Doch wie bekommen wir diese moralische Phantasie?

Die Phantasie ist spontan, nicht vorgefasst, sie quillt aus einem lebendigen Sein und Werden. Die Moral ist dagegen an geistige Gesetze und Wertvorstellungen gebunden, die „über" dem Menschen „stehen" und ihm daher eine Wertorientierung verleihen können. Die konkrete Anwendung solcher moralischer Gesetze hängt jedoch immer von den inneren und äußeren Umständen ab.

Dass man Armen, Schwachen, Kranken, Verfolgten und Geflüchteten helfen soll, ist inzwischen ein allgemeingültiges moralisches Gesetz. Wie man ihnen am besten helfen kann, dies erfordert eben auch eine Weisheit und eine moralische Phantasie. Denn Hilfen sind oftmals auf mehreren Ebenen möglich: ich helfe zum Beispiel selbst, so weit es in meiner Macht steht oder ich lasse helfen, durch Spenden und ähnlichem. Staatlicherseits können zum Beispiel Stipendien für junge Menschen aus ärmeren Ländern hilfreich sein oder eine Entwicklungshilfe, die nicht wieder nur von Wirtschaftsinteressen geleitet ist, sondern die eine Hilfe zur Selbsthilfe bewirkt. Natürlich kann man auch Flüchtlinge aufnehmen, wenn man freie Kapazitäten hat, aber besser ist es, wenn man vor Ort helfen kann.

Im biblischen Gleichnis vom barmherzigen Samariter hilft dieser einem Verletzten am Straßenrand, in dem er ihn zu einer Herberge bringt und für seine Unterbringung bezahlt. Man muss also nicht immer nur eine „Wohlfahrtsstätte", quasi eine Herberge für Bedürftige und Flüchtlinge im „eigenen Heim" aufbauen, um diesen helfen zu können. Am Beispiel der Mikrofinanzierungen lässt sich erkennen, dass viel erreicht werden kann, wenn man ärmeren Menschen eine Starthilfe zukommen lässt, damit sie sich selbst eine Daseinsgrundlage aufbauen können. So kann man auch Flüchtlingen in benachbarten Ländern helfen, in dem man sie besser ausstattet, zumindest Bildungsmöglichkeiten anbietet, mit denen sie ihrem Land und ihrer Umgebung näher und nützlicher sein können.

Ein großer Helfer-Wille ist erfreulicher Weise bei vielen Menschen vorhanden. Einige gehen sogar selbst in Krisengebiete und versuchen dort, Gutes zu bewirken. Darin äußert sich eine große moralische Kraft.

Wo aber die Moral heute mit am meisten fehlt, ist in unserem Wirtschaftsleben. Da verzeichnen wir noch immer eine sinkende Moral, denn das Profitstreben, der Geldgewinn hat oftmals die oberste Priorität bekommen. Viel unethisches Wirtschafts-Gebaren in großen Konzernen (Auto-Abgas-Skandal, dubiose Bankgeschäfte, faule Kredite und Spekulationen, illegale Rüstungsgeschäfte und eine kolonialistische Ausbeutung der ärmeren

Länder), aber auch bei den vielen Tricksereien im Kleingewerbe, wo jeder nur für sich das Meiste rausholen will, zumeist auf Kosten anderer beziehungsweise der Allgemeinhait, dies alles belastet nicht nur die Umwelt, sondern auch das soziale Klima. Keiner traut mehr wirklich dem Anderen, denn viele Unternehmen müssen heute leider allzu oft Angst haben, wenn sie nicht selbst auf dieser „Schiene" mitmachen und wettbewerbsfähig bleiben, von anderen geschluckt, ausgebootet oder aufgekauft zu werden. So kann doch ein unternehmerisches Handeln keinen Spaß mehr machen, außer man findet eine Genugtuung, wenn man andere besiegen und zerstören kann. Das ist aber krank, so wie unsere Wirtschaft immer krankhaftere Züge annimmt.

Bestimmte Freihandels-Abkommen werden diese Mechanismen noch beschleunigen. Wer verfasst denn solche Abkommen, sind es die Politiker, die Wirtschaftsleute selbst oder die Verbraucher, um die es doch eigentlich im Wirtschaftsleben gehen sollte? Wo hat denn der Verbaucher noch Entscheidungsmöglichkeiten, was, wie und wo etwas produziert werden soll, auch wohin bestimmte Forschungsgelder fließen sollen? Zahlreiche Politiker sind durch das Lobbyisten-System nur noch zu Handlangern großer Wirtschaftskonzerne und der Finanzwelten „degradiert". Natürlich gegen eine entsprechende Zuwendung. Das Wirtschaftsleben setzt sich aber aus Produzenten, Händlern und Verbrauchern zusammen. So sollten die Bedürfnisse der Verbraucher darin eine viel größere Rolle spielen. Heutzutage werden bestimmte Wünsche der Verbraucher zumeist von einer geschickten Werbung erst richtig geweckt und teilweise auch manipuliert.

Die Politik darf aber kein „Teil" der Wirtschaft sein, sie muss davon unabhängig agieren können. Sie soll notwendige Regeln und Rahmenbedingungen für eine faire, nachhaltige und schonende Wirtschaft schaffen, darf aber nicht durch Subventionen und Begünstigungen selber Teil der Wirtschaft sein, wie eben in einer Planwirtschaft, die ja sonst immer nur verteufelt wird. Ein fairer Handel soll an die Stelle eines freien Handels treten, da bei diesem sich meistens doch nur die Stärkeren und Reicheren durchsetzen werden. In bestimmten Bereichen haben die Interessen des freien Marktes auch gar nichts zu suchen, vor allem nicht beim

Grund und Boden, bei der Arbeitskraft und beim Geld. Diese Bereiche, die vom Staat, also vom Rechtsleben verwaltet werden sollen, dürfen nicht als eine wirtschaftliche Ware, die man kaufen und verkaufen kann, gehandelt werden.

Eine „Brüderlichkeit" und Solidarität soll in das Wirtschaftsleben einziehen, da kann dann jeder, auch jede Firma dem oder den Anderen helfen und dienlich sein. Sehr viel Energie und Geld ließe sich einsparen, wenn aus dem Gegeneinander, aus dem Konkurrenz- und Wettbewerbsgedanken, ein Miteinander und ein Füreinander sich entwickeln könnte!

Wir wollen ja auch eine Gleichheit, also eine Gleichbehandlung vor dem Gesetz und diese im Staats- und Rechtsleben verankert haben, sowie eine Freiheit in der individuellen Selbstbestimmung gewahrt sehen. Nur in der Wirtschaft soll die Freiheit, also die Freiheit, die sich nimmt, was gefällt, um für sich das Meiste rauszuholen, eben nicht das Dogma sein, sondern viel eher das brüderliche, das mitmenschliche Schaffen und Handeln für das Wohl des Ganzen und damit auch für die Mitmenschen, damit deren Bedürfnisse und darüber auch die eigenen von vielen Werktätigen, also von anderen befriedigt werden können. Leider herrscht hier heute noch ein starker Egoismus, weil dieser vor allem im und durch das System des neoliberalen Kapitalismus besonders krass gefördert wird. Man mästet die Gier im Menschen und das kann auf Dauer gesehen nicht wirklich gut sein.

Ein assoziatives Wirtschaften, wo Produzenten, Händler, Dienstleister und Verbraucher sich zusammentun und gemeinsam beraten und schauen, wie die irdischen Bedürfnisse für alle am besten befriedigt werden, kann erst wieder zu einer Gesundung des Wirtschaftsleben beitragen.

Erfassen wir die Gesetze und die geistigen Archetypen einer sozialen Ordnung, so lässt sich die Zukunft menschlich gestalten. Wird die Wirtschaft und die Finanzwelt weiter dominieren und nicht dienen wollen, so wird sie immer mehr ihre hässliche Fratze offenbaren müssen, zum Leidwesen aller, auch der Erde, nur weil ein paar Wenige ihren „Hals" nicht voll genug kriegen können und von einer starken Machtsucht besessen sind.

Doch nur auf die Superreichen und Finanzhaie zu schimpfen, genügt natürlich nicht. Jeder Einzelne muss sich fragen: Wie steht es mit meinem persönlichen Verhältnis zum Geld? Renne ich ihm hinterher und will es nur vermehren, egal wie, Hauptsache der „Rubel" rollt? Oder betrachte ich das Geld als eine zwischenmenschliche Energie, mit der wir die Fähigkeiten und das Arbeiten der Mitmenschen erst ermöglichen können?

Wenn jeder schaut, dass der Andere für sich und seine Arbeit, auch für die Ideen und Innovationen, die er zukünftig umsetzen will, genügend Geld bekommt, das heißt, damit er durch dieses auch eine gewisse Anerkennung und Wertschätzung erhält, so wird man natürlich auch selbst genug bekommen, so dass jeder seine Pläne und Ziele umsetzen kann. Dann ist das auch für das Gesamte gut.

Hier stehen wir in unserer Zeit vor einer großen Bewährungsprobe, die sich die nächsten Jahre noch zuspitzen wird. Entweder wir entwickeln uns hin zu einem Menschen, der sich mit den fortschreitenden guten Mächten, also mit einer humanen Ethik und einer geistigen Moral verbindet oder der in dämonische und widergöttliche Reiche abirren kann. Dazwischen müssen wir uns entscheiden. Den guten, den uneigennützigen und hilfsbereiten oder den bösen, den selbstsüchtigen Menschen, beide haben wir als eine Potenz in uns.

Welcher siegen wird, das liegt an uns und auch in unserer Hand, je nachdem, wohin wir uns wenden wollen und wenden werden. Die „Rechnung" beziehungsweise die Früchte daraus werden wir auf jeden Fall zugewiesen bekommen.

So seien diese mahnenden und abschließenden Worte mit einem herzlichen Dank an den geneigten Leser verbunden mit den besten Wünschen für ein ehrliches, aufrichtiges und kraftvolles Bemühen, hin zu dem Menschen, der wir einmal sein werden, der aber auch als ein Urbild, als Keim und als schöpferische Potenz schon in uns enthalten ist. Diesem inneren, diesem göttlichen Menschen dürfen wir entgegen wachsen. Er wartet auf uns – im geistigen Herzen ist er schon da.

Franz Weber, Freiburg, Michaeli-Zeit 2016 und 2020

Literaturverzeichnis:

Omraam Mikhael Aivanhow: Geistiges und künstlerisches
Schaffen
Rudolf Steiner: Wie erlangt man Erkenntnisse der höheren Welten
- Der menschliche und der kosmische Gedanke
Valentin Tomberg: Sieben Vorträge über die innere Entwicklung
des Menschen
Michael Frensch: Ein Freund von Jenseits des Grabes
Irene Dachilow: Krafttiere – unsere inneren Helfer
Alberto Villoldo: Das geheime Wissen der Schamanen
Kurt Tepperwein: Die Heilkraft der Intuition
Tom Johannson: Heilkraft die von Innen kommt
Arthur Schult: Die Weisheit der Veden und Upanishaden

Diese Werke haben mich während des Verfassens der hier vorliegenden Schrift beschäftigt. Teilweise gaben sie Anregungen und
Impulse, die darin eingeflossen sind. Ansonsten habe ich diese
meine 20. Schrift beziehungsweise die Ideen und Inhalte dafür aus
dem 20. Arkana des Tarot mit der Bezeichnung: Das Weltgericht –
oder mit anderer Betitelung: Die Auferstehung, entnommen.
Dieses Arkanum, das eben auch die Auferstehung genannt wird,
war mir dabei eine Inspirationsquelle. Der Auferstehungsgedanke
sollte dann auch die Grundlage bilden, aus dessen Kraft und Zu-
kunftswille die hier vorliegenden Gedankengänge und Inhalte impulsiert und niedergelegt sind. Ich hoffe, dies ist mir ein Stück
weit gelungen.

Vom Verfasser der hier vorliegenden Schrift sind unter anderem
folgende Bücher erschienen:

- Europa – wohin?   Auf der Suche nach einem Europa des
Friedens, der Freiheit und der sozialen Gerechtigkeit
- In der Einheit liegt die Kraft - Religion, Kunst und Spiritualität
- Wege zum Heil - Aspekte zur Heilung von Mensch, Erde und
sozialer Welt

- Spirituelles Christentum
- Zeit zur Umkehr - Zeitgemäße Forderungen und spirituelle
    Wege zur Überwindung von Materialismus und Egoismus
- Welten-Dramatik - Erkenntnishilfen in apokalyptischer Zeit
- Im Namen des Wortes – eine geistige Wegweisung
- Ich und Welt – Mensch und Gott
- Welten-Dramatik – Erkenntnishilden in apokalyptischer Zeit
- Aufbruch zur Dimension der Tiefe
- Auf dem Weg zum Gral
- Partnerschaften im Lichte eines spirtuellen Christentums
- und einige mehr

Alle Bücher sind bei Books on Demand erschienen.
Bei einem weiteren Interesse können Sie Näheres bei BoD oder
auf meiner Website erfahren beziehungsweise mich auch über die
dort angeführte Mail-Adresse kontaktieren:
www.bod.de
www.perceval-institut.de
www.steine-kunst.de